名师工作室成果文库

互为师大课堂建构与应用

HUWEI SHIDA KETANG JIANGOU YU YINGYONG

张祖安 主编

光明日报出版社

图书在版编目（CIP）数据

互为师大课堂建构与应用 / 张祖安主编 . -- 北京：
光明日报出版社，2020. 4

（名师工作室成果文库）

ISBN 978 - 7 - 5194 - 5708 - 2

Ⅰ. ①互… Ⅱ. ①张… Ⅲ. ①课堂教学—教学研究—初中 Ⅳ. ①G632. 421

中国版本图书馆 CIP 数据核字（2020）第 061322 号

互为师大课堂建构与应用

HUWEI SHIDA KETANG JIANGOU YU YINGYONG

主　　编：张祖安

责任编辑：庄　宁　　　　责任校对：陈永娟

封面设计：中联学林　　　责任印制：曹　净

出版发行：光明日报出版社

地　　址：北京市西城区永安路 106 号，100050

电　　话：010 - 63139890（咨询），63131930（邮购）

传　　真：010 - 63131930

网　　址：http：//book. gmw. cn

E - mail：zhuangning@ gmw. cn

法律顾问：北京德恒律师事务所龚柳方律师

印　　刷：三河市华东印刷有限公司

装　　订：三河市华东印刷有限公司

本书如有破损、缺页、装订错误，请与本社联系调换，电话：010 - 63131930

开　　本：170mm × 240mm

字　　数：238 千字　　　　印　　张：16

版　　次：2020 年 4 月第 1 版　　印　　次：2020 年 4 月第 1 次印刷

书　　号：ISBN 978 - 7 - 5194 - 5708 - 2

定　　价：65. 00 元

互为师大课堂建构与应用编委

主　编：张祖安

副主编：孟春容　张凤翎　田树林

编　委：张祖安　孟春容　张凤翎　李　福
田树林　罗　马　曹贤和　肖立俊
张立洪　姜联红　康　灵　邓建明
张卫东　姚润平　冉　燕　祁小中
余劲松　张发轩　张　炜　朱发勇
王勤林　郭显银　杨建伟　蔡　伟
周声成　王贞祥

“互为师大课堂”的力量

——《互为师大课堂建构与应用》序

“互为师大课堂”，立足初中教育的目标任务，着眼师生的能力发展，面向教育的未来愿景。

一、“互为师大课堂”的诞生简说

2000年前，伟大的教育家孔子告诉弟子们道：“三人行，必有我师焉”。2000年后的今天，互联网时代的到来，给人们带来了清新的感觉：“时时有师，处处有师，人人可以为师”。正是由于“人人为师”的移动互联时代的来临，我们构建了“生生互为师，师生互为师”新型教学关系。

美国著名学习金字塔实验室研究成果告诉人们：“第一种，在塔尖的学习方式——‘听讲’，也就是老师在上面说，学生在下面听，两周以后学习的内容只能留下5%，可见学习效果却是最低的。第七种，在塔基学习方式——‘教别人’或者‘马上应用’，可以记住90%的学习内容，可见学习效果却是最好的。”正是受到“学习金字塔”的启示，我们构建了“基本课堂”+“扩展课堂”的新型“大课堂”。

以计算机网络为背景，以学习金字塔理论为支持，从而构建出具有鲜明时代特征的“互为师大课堂”。

二、《互为师大课堂建构与应用》的背景介绍

“互为师大课堂”来源于我们的重庆市重点规划课题研究成果。“互为师大课堂”的背景是“互联网＋课堂”，特点是“生生、师生等多场地多维度的相互为老师”，目的是使学生“初中善学习，高中有潜力”，方向是建成“智慧课堂”。由于受到光明日报出版社的抬爱，我们有机会来系统总结“互为师大课堂”，来编写《互为师大课堂建构与应用》。

三、《互为师大课堂建构与应用》的内容组成

（一）基本结构。

该书分为“建构”和“应用”两个部分。

（二）主要内容。

1. “互为师大课堂建构”。重点介绍“互为师大课堂”的产生背景，理论依据，通用构建方法和应用效果。目的是让读者一看就明。

2. “互为师大课堂应用”。重点针对初中文化学科，呈现应用实践案例。文化学科又具体分为“文科”和“理科”两部分。“文科”包含“语文、政治、历史、地理、外语”，“理科”包含“数学、物理、化学、生物、计算机”。每门课为一个小单元，由“教学设计、学案、学件、课堂实录、教学反思、学习反思”六个部分组成（“学件和课堂实录”将另外配套出版）。目的是让读者一学就会。

四、《互为师大课堂建构与应用》的特点简介

特点之一，“互为师大课堂”是有源之水。《互为师大课堂建构与应用》中的“互为师大课堂”来源于该书主编主持的重庆市重点规划课题“互为师大课堂应用推广研究”。

特点之二，“互为师大课堂”是供水止渴。“互为师大课堂”已经在重庆市内外百余所学校应用推广，亟须相应的理论和实践指导。

特点之三，“建构理论”一看就明。其“建构理论”，紧扣课堂教学实际，深入浅出，让读者一看就明。

特点之四，“应用实践”一用就会。其“应用实践”，来源于每一个学科，选取典型课例，让读者一用就会。

特点之五，“阅读对象”十分广泛。阅读对象主要是广大的初中教师、学生和家长，其次是小学和高中教师、学生和家长以及其他课堂教学研究者。

“互为师大课堂”犹如一辆新型的高速列车，它以现代教育理念为导航，以互联网为轨道，以“内外驱动”为牵引力，承载着新一轮课堂教学改革的无限希望，正驶向未来教育的高速铁路站点。

张凤翎

2019年4月28日

目　录
CONTENTS

上辑 01

互为师大课堂建构

第1编

“互为师大课堂”之探根求源

“互为师大课堂”，来源于笔者2018年11月主持研究的重庆市重点规划课题①，是重庆市初中历史张祖安名师工作室②重点应用推广成果。它的全称是“‘互为师大课堂’应用推广研究”。

“互为师大课堂”，以互联网为背景，以信息技术为支持，以“四步自学”③为操作程序，以“系列式问题”④为导向，以“双主教学”⑤为着力点，以有效提高学生的学习力和教师的教学力为目标，从而催化学生历史核

---

① “互为师大课堂”：前期来源于2014年立项、2018年结题的重庆市教育科学重点规划课题“网络时代催生出的‘初中历史互为师大课堂’”；后期来源于2018年立项的重庆市教育科学重点规划课题“‘互为师大课堂’应用推广研究”。其论文《网络时代催生出的“初中历史互为师大课堂”研究》发表于《中学历史教学参考》（下半月刊）2017年第6期。

② 重庆市初中历史张祖安名师工作室：于2017年3月由重庆市教育委员会正式授牌成立。

③ 四步自学：笔者创立的“四步自读教学法”的拓展成果。它是一种课堂教学操作程序，即“复学—辨学—练学—预学”。

④ 系列式问题：“系列式问题教学法”的简称。其论文《初中历史“系列式问题教学法”初探》发表于《中学历史教学参考》（下半月刊）2011年第3期。

⑤ “双主教学”：在课堂教学之中师生双方的角色定位，教师在课堂之中充分发挥“主动引导学生参与学习的作用”，学生在课堂之中充分发挥“主动参与学习的作用”，简称为“双主教学”。

心素养的快速形成和教师专业技能的卓越发展①。

一、“互为师大课堂”的提出时机与缘由

“读书十年，不如教书一年。”这是我从一个学生蜕变成一个教师时最为深切的体会，也是初登讲台的教师们的共同心声。三十多年之后，当我接触到美国学者埃德加·戴尔的“学习金字塔”（Cone of Learning）理论的时候，欣喜地发现三十多年前的那种体会是有科学道理的。如何把“自己的体会”和“学习金字塔”的理论应用于我的课堂教学实践之中，成为我百思不得其解的一个难题。在前不久的一个全国性的新课程研讨会的返程汽车上，我突然找到了解决这个难题的钥匙——“互为师大课堂”。

（一）“互为师大课堂”的内涵和外延

1. 什么叫“互为师”

首先要明确的是什么叫“互为”。“互”，就是相互，彼此；“为”，在此读“wéi”，就是做，当；“互为”就是相互做……彼此当……

其次要明确的是什么叫“师”。唐宋八大家的领袖韩愈使用了十分精辟的语言在《师说》中对教师进行了解释：师者，所以传道，授业，解惑也。意思是说，老师就是传播道理，教授课业和解答疑惑的人。转换一个角度，他的这一句话我们也可以这样理解：那些能够传播道理，教授课业和解答疑惑的人，就可以是老师。

再次要明确的是什么叫“大课堂”中的“互为师”。“大课堂”中的“互为师”在本研究中有三个含义：第一，根据“那些能够传播道理，教授课业和解答疑惑的人就可以是老师”的观点，学生与学生之间可以相互当老师。第二，根据现在是一个“知识爆炸”时代，是一个“互联互通”的时代，很多学生在获取知识的速度和广度上，很容易超过他的老师，现代的学生在很多方面能够成为他老师的老师，老师要放下架子有意识地向学生学

---

① 教师专业技能的卓越发展：根据重庆市教育委员会关于印发重庆市义务教育“卓越课堂”五年行动计划的通知渝教基〔2012〕53 号文件精神，课题组提出了促进“教师专业技能的卓越发展”的观点。

习。这一点与传统课堂是冰火两重天，是很多教师难以接受之处。第三，科任教师在“互为师大课堂”中是课堂的组织者，他相当于乐队的“指挥”，也相当于翻转课堂中的那一只“手”。

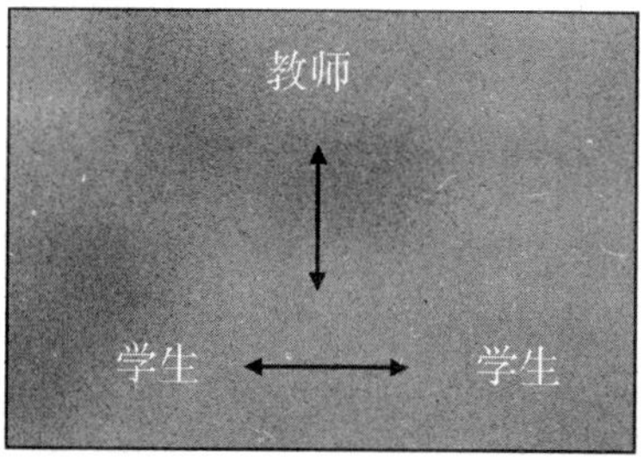

最后要明确的是“大课堂”中的“互为师”的相互关系。第一组关系是学生与学生互为老师的关系；第二组关系是学生与老师互为老师的关系。(见上图)

2. 什么叫“大课堂”

第一步要解说的是什么叫“大”。“大”指的就是面积、体积、容量、数量、强度、力量超过一般或超过所比较的对象。

第二步要解说的是什么叫“课堂”。“课堂”通常是指进行教学活动时的教室，也泛指进行各种教学活动的场所。

第三步要解说的是什么叫“互为师”的“大课堂”。“互为师”的“大课堂”有其如下内涵：其一，从地点来看，“大课堂”从教室内扩大到了家庭、社区。其二，从主讲来看，“大课堂”从教师扩大到了学生。其三，从学习方式来看，“大课堂”从学生的蜷缩于教室内被动接受知识扩大到学生可以主动地去寻找课外书籍、网络信息、社会交往去获取新知。

第四步要解说的是“互为师”中的“大课堂”的组成内容和相互关系。“大课堂”由“基本课堂”和“扩展课堂”组成。“基本课堂”是“学校教室”，“扩展课堂”是“学习社区”①。“基本课堂”的构成要素主要是学生与学生之间的相互学习，学生与教师之间的相互学习。“扩展课堂”的构成要素主要是利用现代媒体、传统媒体学习和向先知先觉②学习。“扩展课堂”是“大课堂”的拓展，两者相辅相成，相互促进，不断完善。(见上图)

---

① 学习社区：这里指除开教室以外的其他学习场所。

② 先知先觉：本文指的是，只要在某一点或者某一方面比自己先知道或者先感悟到的人，就可以成为自己请教的老师。

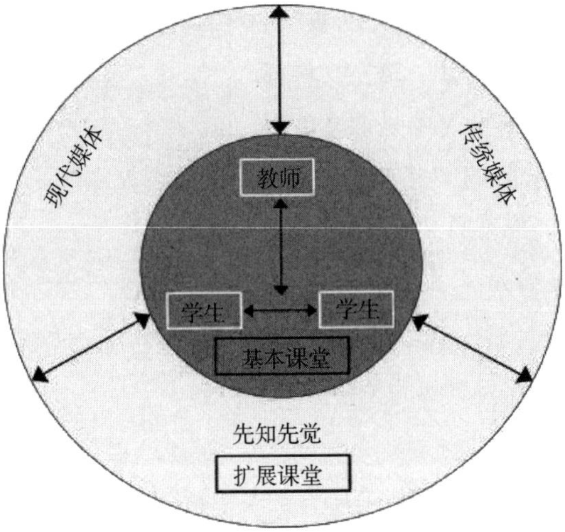

二、“互为师大课堂”提出的理论和依据

（一）“学习金字塔”理论是“互为师大课堂”第一根理论支柱

“学习金字塔”① 十分形象地告诉我们：“听讲”是效率最低的一种学习方式，纵观我们的教育现状，它却是最为传统最为普遍的课堂教学模式。“教别人”或者“马上应用”是效率最高的一种学习方式，纵观我们的教育现状，它却是最为稀有最为难得的课堂教学模式。

“学生教学生”就是“互为师大课堂”充分利用“教别人”的这种“卓有成效”的学习机制，巧妙地将我们的普通课堂转变成高效的课堂，卓越的课堂。

（二）“翻转课堂”操作原理是“互为师大课堂”第二根理论支柱

2011 年在美国各地兴起的“翻转课堂”②（Flipped Classroom），很快就吸引了多方的关注。最早的探索者应该是孟加拉裔美国人萨尔曼·汗，他在为侄女和侄儿辅导数学功课的过程中，想到了制作教学视频，让更多学习有困难的孩子享受这一辅导资源。2006 年 11 月，他制作的第一个教学视频传到了 YouTube 网站上，并很快引起了人们的关注。后来，萨尔曼·汗将这个

---

① 学习金字塔：接着的两段对“学习金字塔”的解释文字摘选自《百度词条》。

② 翻转课堂：以上两段对“翻转课堂”的解释文字摘选自《百度词条》。

副业变成了自己的主业，目前已经在网站上放置了2300多段的免费视频课程，有5400万学生通过网络参与他的课程学习。

萨尔曼·汗的教学视频有一个显著的特点，就是在视频中唯一能够看到的就是他的手不断地书写一些数学的符号，并缓慢地填满整个屏幕。除此之外，就是配合书写进行讲解的画外音。用萨尔曼·汗自己的话来说："这种方式。它似乎并不像我站在讲台上为你讲课，它让人感到贴心，就像我们同坐在一张桌子面前，一起学习，并把内容写在一张纸上。"

萨尔曼·汗视频中唯一能够看到的就是他的"手"，他的这个"手"就相当于"互为师大课堂"教师提供给学生的《创新学习方案》等资料。既然"翻转课堂"能够根据萨尔曼·汗提供的教学视频进行学习，"互为师大课堂"也能够根据科任教师提供给学生的《创新学习方案》等资料进行自主学习。

萨尔曼·汗的教学视频与"手"书写配合的就是进行讲解的"画外音"，他的这个"画外音"就相当于"互为师大课堂"教师在课堂上的"插话"。

成功借鉴"翻转课堂"（反转课堂）的原理，将"预学"内容前置于正课之前，使"先学后教"有针对性地得以实现；也正是有"先学"的储备，使得"大课堂"中的学生之间的"互为师"，才能够得以实现，这会把"一言堂"的被动课堂，改变成有"自我实现"的价值课堂、有"不可限量"的发展课堂。

（三）"学习共同体"的理论是支持"互为师大课堂"的第三根大梁

"学习共同体"① （Learning Community），支撑"互为师大课堂"的实施。"互为师大课堂"的"基本课堂"由学生和教师两个主体共同构成，在"学习共同体"中相互学习、共同发展，这样就会把"死气沉沉"的传统课堂，改变成有生气的课堂，有活力的课堂，有创新的课堂。

（四）"读书十年，不如教书一年"的共识是"互为师大课堂"第四根支柱

"读书十年"之所以不如"教书一年"，其关键就在于，学生读书往往处

① 学习共同体：接着的一段对"学习共同体"的解释文字摘选自《百度词条》。

于“学习的被动状态”，而教师教书必须要处于“学习的主动状态”，你必须在上课之前，主动系统地把要讲授的内容进行组合加工，寻找到教学内容的内在联系，然后才能够登台讲解。这就像做馒头一样，要有一个发面、加碱，揉面与定型的过程，最后才能够上屉蒸出来。

“变学生为教师”就是“互为师大课堂”充分利用“角色转换”的力量，强化思维的内化和输出训练，这样的课堂是有内化的课堂，有生成的课堂。

三、“互为师大课堂”的构建方法和应用策略

（一）“互为师大课堂”的构建方法

下面以《第8课　商鞅变法与秦国的崛起》① 为例说一说其构建方法。

第一步，复学。

复学是“互为师大课堂”开展的第一道程序，是本课学习的先导，是后面学习的基础。复学什么呢？可以是前一课，前几课，或者其他与本课相关的内容，其选择标准是本节课的目标任务。设置这个环节的主要目的是“温故而知新，可以为师矣”。《第8课　商鞅变法与秦国的崛起》的前一课是《第7课　战国七雄》②，根据第7课的目标任务，要求学生针对“什么是战国时期”等4个问题在复学之后回答。

第二步，辨学。

辨学是本课在课堂学习的正式起点。辨学是“互为师大课堂”的核心环节，是基本课堂和扩展课堂的交汇点，是纸质媒体和网络媒体的聚集点，是多种学习资源的整合点。辨学质量的好坏直接关系到“互为师大课堂”的好坏。辨什么？辨重点、辨难点、辨疑点、辨热点等。这些辨点怎么来？主要是教师根据课标、教材、学情、教情确定出来。辨点确定出来之后，通过生生互动，师生互动，人机互动，使合作学习、探究性学习在本课堂之中生根、开花和结果。可以这样说，辨学的过程，是新课程理念的实现过程；辨学的

① 龚奇柱. 中国历史 · 七年级上册［M］. 成都：四川教育出版社，2016：43－49.

② 龚奇柱. 中国历史 · 七年级上册［M］. 成都：四川教育出版社，2016：37－41。

过程，是学生历史学科核心素养催化养成的过程。

《第 8 课　商鞅变法与秦国的崛起》一课的辨读又怎样进行的呢？主要借助于相关的辩题来实施。辩题有“商鞅变法的背景、时间及主要内容”等一系列问题。

第三步，练学。

练学是辨学的延续，是本课的落脚点。练学指的是完成练习时，遇到了疑难问题之后再次主动寻找有效信息来解决问题的学习过程。由于课堂时间的金贵性，练学问题的设置必须具有典型性。练学环节的安排，是通过当堂检测，学以致用。示例如下：

1.（2015・贵州黔西南）战国时期，使秦国能够最终兼并六国，统一中国打下坚实基础的事件是（　　）

A. 商鞅变法　　B. 李悝变法

C. 管仲改革　　D. 秦孝公改制

第四步，预学。

预学是练学之后的新任务，是为新一课的学习做准备，一般安排在课的最后一个环节布置任务，任务完成的时间一般在课外。把预学安排在课外，就是有意识地拓展学生学习的空间，把学习的场地由教室扩展到了教室以外的学习社区。怎样才能够有效预学？实验告诉我们，以问题为导向效果最好。比如，《第 9 课　春秋时期的著名思想家》① 就设计为“请给孔子设计名片”等六个问题。

“互为师大课堂”——结构示意图

综上所述，“互为师大课堂”的“复学—辨学—练学—预学”四个学习

① 龚奇柱．中国历史・七年级上册［M］．成都：四川教育出版社，2016：50－53.

步骤，其运动轨迹参见上图。

（二）“互为师大课堂”的应用策略

1. “互为师大课堂”——教师的应用策略

“互为师大课堂”的应用策略的核心在于使用了“问题驱动教学法”（Problem - Based Learning，PBL）。它以学生为主体、以历史专业领域内的各种问题为学习起点，以问题为核心规划学习内容，让学生围绕问题寻求解决方案的一种学习方法。通过六年的实践研究，课题组总结出的“轮盘式系列问题教学法”，能够快速有效地提升教师的这三种能力。（见右图）

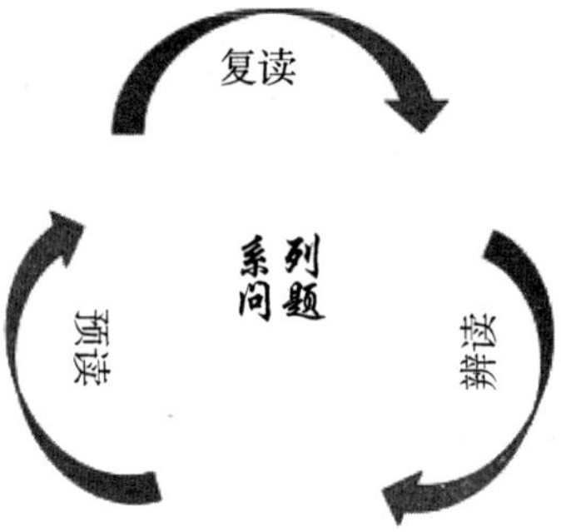

“互为师大课堂”——教师的应用策略

“轮盘式系列问题教学法”，是指教师根据教材、学情和教情等设计出问题集合体，通过这个如同车轮一样的集合体来推动教学滚滚向前运动的方法。

2. “互为师大课堂”——学生的应用策略

第一个环节　自为师学习

“自为师学习”，是指学生自己根据《创新学习方案》和互联网等课程资源自学之后准备给自己的同学当老师的学习过程。如《第 8 课　商鞅变法使秦国崛起》的“自为师学习”，就是在“预读的环节”，根据拥有的学习资源，通过自主学习搞清楚“商鞅变法前秦国国情怎么样，商鞅变法的时间、内容和影响等问题”。与此同时，还要思索本课的重点、难点、考点、热点、易错点、易漏点等，以好指导同伴。“自为师学习”任务一般在前一节课的课尾布置，课外完成。

这种既在学习之中又跳出学习之外的“自为师学习”的学习方法，是“互为师大课堂”的第一个特点。

第二个环节　互为师学习

“互为师学习”，是指学生在“自为师学习”《第 8 课　商鞅变法使秦国崛起》的基础之上，相互当老师指导对方学习《第 8 课　商鞅变法使秦国崛起》。“互为师学习”，时间一般安排在“辨读环节”的前半部分时间进行。

“互为师学习”的常规形式是“二人组合”结伴学习方式。它的这种结伴方式，是根据教室座位横排和竖排的特点，设置为前后两人一组或者左右两人一组。“互为师大课堂”为何设计成这样的“二人组合”，却没有像以杜郎口为代表的六张课桌拼在一起的“六人组合”呢？与“六人组合”比较，“二人组合”最大的优点是指导对象单一，教授任务明确，相互学习效果显著。

“互为师”的“二人组合”的指导实施途径是：第一步，相互交换教材，检查“自为师学习”时阅读课文的情况。这一步又主要看课文上的读书记录是否正确，有无错漏。如果有错漏就使用红色的笔纠正和补充出来。第二步，在“自为师学习”课文的经验，给同伴讲解纠正和补充出错的原因。第三步，在“自为师学习”课文遇到的疑难问题向对方请教。

“互为师”学生始终抱有一个要教会对方学习，给同伴当老师的观点，这是“互为师大课堂”的第二大特点。

第三个环节　导为师学习

“导为师学习”，是指学生在“自为师学习”和“互为师学习”课文的基础之上，学生再次充当老师，在讲台上指导全班同学学习。“导为师学习”，时间一般安排在“辨读环节”的后半部分时间进行。“导为师学习”的“导师”主角是学生。谁当“导师”，根据教室座位可以按照一定的顺序或者随机选取“四人团”或者“六人团”。选取出来的学生，由他们自己推选出“首席导师”和“助理导师”。“首席导师”的任务是讲解基本内容的学习。在《第 8 课　商鞅变法使秦国崛起》这一课里，他就要讲解“商鞅变法”的背景、内容和影响等基本内容。其他学生按照“首席导师”的讲解对比自己的学习，看看自己是否有疏忽、遗漏和错误等，并且做好相关的笔记。“助理导师”和其他学生就“首席导师”的讲解完之后进行补正、强调和引申等。比如，第一“助理导师”就生动地讲述了正在热播的电视剧《大秦帝国》中“公子虔死而复活”的故事，还进一步说到从这件事可以看出秦国复辟势力的强大，是商鞅被车裂悲剧的根源，还可以看出不管是目前正在进行的“再次改革开放”，还是历史上的其他改革都会遭受艰难险阻，都会承担各种风险。第一“助理导师”的这段发言让人出乎意料，我给予了充分的肯定，并提议赠送他现场最好的礼物——热烈的掌声。

“导为师”让学生离开课桌走上讲台，真正实现了当自己同学的老师的梦想，激发了学生的表现力，极大地调动了学生学习的积极性，这是“互为师大课堂”的第三大特点。(见上图)

“互为师大课堂”这列动车，以现代教育理念为支撑大梁，以操作策略为驱动轮盘，承载着新一轮课堂教学改革，正驶向未来教育的高速铁路。

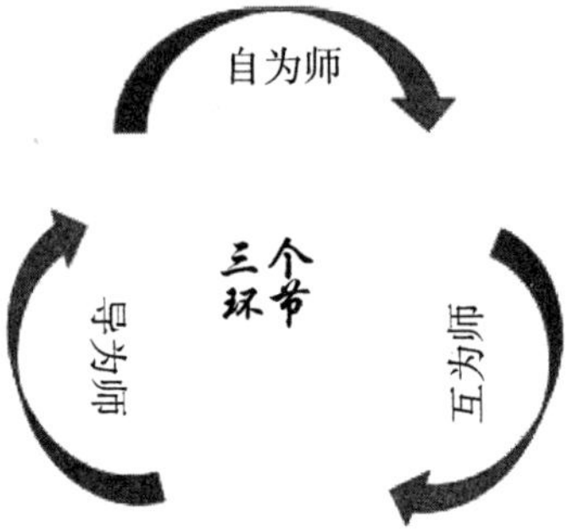

“互为师大课堂”——学生应用策略示意图

(重庆市渝高中学校　张凤翎)

第 2 编

“互为师大课堂”之核心环节

“‘互为师大课堂’，瞄准我国基础教育改革发展方向，紧跟时代步伐，教育理念先进，看似简单，要操作好却不那么容易。”这是参与“互为师大课堂”应用推广的实验教师的共识。

课题组对实验教师的痛点进行了仔细分析，才明白了问题所在，“互为师大课堂”是一个系统控制的课堂，是一个立体灵动的课堂。应用者必须领会其要领，抓住其关键，否则是形似神离，画虎不成反类犬。

“互为师大课堂”推广应用的关键环节在哪里呢？

一、巧抓“四学”基本环节不放松

“四学”，即“复学—辨学—练学—预学”的简称。“复学—辨学—练学—预学”既是“互为师大课堂”学生自主学习的四种方式，也是“互为师大课堂”展开的四个基本的教学环节。

“四学”，以“四”为形式，以“学”为中心。根据课堂学习的目标任务、阶段特征和学习内容的特点，将一堂课的学习分为“复习”“辨析”“练习”“预习”四种方式。这四种方式又为“学生的主动学习”服务，学生的“学习”是课堂教学的中心。“互为师大课堂”的最大特点，也是它的基本点，就是要想方设法地去激发学生，调动学生主动积极地参与到学习之中去。正是如此，“互为师大课堂”才将“学”确立为“轴心”，提炼成“复学—辨学—练学—预学”四个不断运动的环节。

“四学”在具体的教学之中，怎样设置呢？这是应用者们首先提出的问题。

下面以人教版《中国历史》七年级上册《第 4 课　早期国家的产生》① 为例来简单地说说吧。

第一步　“复学”怎样设置呢?

一是要明确选择的范围。选择的范围可以是前一课《第 3 课　远古的传说》②，也可以是前一单元《史前时期：中国境内人类的活动》，当然如果是在三年级时也可以是一、二年级所学习的，一句话，只要是学习过的与本课相关联的内容都可以选择成复学的内容。

二是要明确选择的标准。首要标准是《义务教育历史课程标准（2011 年版)》③。如果要复习《第 3 课　远古的传说》，下面两个内容是必须复学的：“（1）知道炎帝、黄帝的传说故事；（2）了解传说与神话中的历史信息。”也可以是前一单元《史前时期：中国境内人类的活动》，当然如果是三年级也可以选一、二年级所学习的，一句话，只要是学习过的东西都可以选择。第二个标准是教科书。如果要复习《第 1 课　中国早期人类的代表——北京人》④，“元谋人”怎么办？课标内容没有明确的要求，但是它却又是一个绕不开的话题，正是因为如此，教材在第二段使用了整整一个段落来讲述他。这是我们必须复习的。还有其他标准，如历史核心素养培养的标准，时政热点的标准，考点的标准，难点的标准等。一句话，有针对性地选择，有目标性地应用。

第二步　“辨学”又怎样设置呢?

一是要明确“辨题”的来源。(1) 在课标中寻找“辨题”，如《第 1 课　中国早期人类的代表——北京人》课程内容之一是“知道化石是研究人类起源的主要证据。根据这个内容就可以设置出这样的辨题：以北京人头盖骨为例，为什么说化石是研究人类起源的主要证据？（2）在教材中寻找“辨

---

① 齐世荣．中国历史・七年级上册［M］．北京：人民教育出版社，2016：18－23.

② 齐世荣．中国历史・七年级上册［M］．北京：人民教育出版社，2016：12－18.

③ 中华人民共和国教育部制定．义务教育历史课程标准［M］．北京：北京师范大学出版社，2012：1.

④ 齐世荣．中国历史・七年级上册［M］．北京：人民教育出版社，2016：2－6.

题”，如《中国早期人类的代表·北京人的特征》第二段比较详细地介绍了“北京人”的生存环境。根据这个内容就可以设置出这样的辨题：与现在的北京地区相比，北京人的生活环境有哪些不同之处？（3）在生活中寻找“辨题”，如《第11课　城乡人民生活状态的沧桑巨变》① 主要讲述了改革开放之后，人们衣食住行用方面的巨大变化。根据这个内容就可以设置出这样的辨题：请你访问一下爷爷那辈人，当年他们跟自己差不多大时的穿着，请问今昔对比发生了怎样的变化，变化的原因是什么？（4）从学生自身中寻找“辨题”，如《中国早期人类的代表·北京人的特征》第一段比较详细地介绍了“北京人”的体貌特征。根据这个内容就可以设置出这样的辨题：请把北京人与自身比较，看看北京人的体貌特征跟自己有哪些明显的不同之处，有哪些相似之处？（5）从教师自身中寻找“辨题”，如《第13课　民族团结与共同繁荣》② 主要讲述了新中国成立之后，我国确立了新型的民族关系和少数民族经济社会的跨越式发展。教师根据自己旅游西藏时发现的一个奇特的现象，设置了这样的辨题：请结合你学习的内容，谈谈藏民各家各户为什么会自觉在房顶树立一面五星红旗？其他辨题的设置来源，还可以从各种新闻、典型事件、典型人物等方面进行设置问题。一句话，切入点要准确，辨析点要激活。

第三步　“练学”再怎样设置呢？

“练学”设置的关键就是要抓住一些“点”。第一是抓重点，如《第1课　中国早期人类的代表——北京人》课程内容的第一个要求是“知道北京人的特征”。显然“北京人的特征”是第一个要通过练习来进一步掌握的。第二是抓难点，如《第1课　中国早期人类的代表——北京人》课程内容的第二个要求是“了解北京人发现的意义”。教材在课文最后一整段，使用了127个字来阐释他的意义，学生很难得其要领。通过练习，让学生进一步明确“从世界的角度研究原始人类的意义、北京人遗址的特点和研究人类起源的意义”。第三是抓热点，如川教版《世界历史》九年级下册《第18课　经济

---

① 龚奇柱．中国历史·八年级下册［M］．成都：四川教育出版社，2018：77－85.
② 龚奇柱．中国历史·八年级下册［M］．成都：四川教育出版社，2018：93－102.

全球化趋向》① 做了这样的叙述："当今世界，经济全球化的洪流势不可当，它把几乎所有的国家和地区都卷入其中。冷战结束后，世界经济出现了新的变化，出现了经济全球化的大趋势。"但是，在眼目之下的2018年4月，美国总统特朗普突然宣布对中国加增1500亿美元的关税，挑起了中美贸易战。美国强力推行贸易单边主义，是对经济全球化的公然挑战。抓住这个热点问题进行练习，自然会收到事半功倍的效果。其他，还可以抓住考点、疑点等进行练习。一句话，练学的关键在于通过点对点的练习，帮助学生突出重点，突破难点，凸显热点，帮助学生不断提高升华。

第四步 "预学"还怎样设置呢?

本节课"预学"的内容，是下节课"辨学"的内容，它的设置将在下面的一节中做详细的介绍。

二、巧施"系问"基本策略会轻松

"系列式问题"，是根据教学的目标和任务设置出的一连串的问题，也就是"问题串"。如果能够完成这些问题，教学目标的达成和任务完成就不言而喻了。为什么要设置"问题"呢？是为了发挥问题对教学的驱动作用，让问题推动教学一步一步深入，一步一步地接近目标。为什么要设置一连串的"系列式问题"呢？通过十多年的课堂教学实践和研究，单个的问题一个一个地抛出来，学生的思维是断断续续的，课堂教学的流程也会是断断续续的，同样的六个问题，一个一个地提出来，要30分钟才能够解决。如果使用"系列问题"一次性交给学生，让他们集中思考，依次解决，同样的六个问题，就只要20分钟就可以完成。很明显，"系列问题教学法"效率高得多。

"系列式问题"设置的基本策略如下。

之一，以认知规律为线索进行设置。

如川教版《中国历史》八年级上册《第4课 洋务运动》② 一课主要讲述了洋务运动的背景、目的、代表人物、创办的工业、历史意义等。其中中

① 龚奇柱．世界历史·九年级下册［M］．3版．成都：四川教育出版社，2013.

② 龚奇柱．中国历史·八年级上册［M］．成都：四川教育出版社，2017：23－28.

央的代表人物是奕䜣，地方的代表人物是曾国藩、李鸿章、左宗棠、张之洞等。这些内容浅显易懂，属于第一层次的内容，主要采用“找出来”，“识记它”，“能作答”来设置就可以了。本课的难点是洋务运动的历史意义。为了突破这个难点，你必须引导学生一步一步明确这些内容：洋务运动为了强兵富国→洋务派创办的军用工业→洋务派创办的民用工业→洋务运动是中国近代化的开端→洋务运动的历史意义。学生的认识怎样深入的呢？怎样由感性认识到理性认识的呢？感性认识是：通过三十多年的洋务运动，中国的近代化军用工业、民用工业、交通运输逐渐发展起来。理性认识是：洋务运动对于中国近代化的首开之功的历史意义，就不言而喻了。

之二，以课程内容为核心进行设置。

再如《洋务运动》的课程内容是：“了解洋务派为‘自强’‘求富’而创办的主要军事工业和民用工业，初步认识洋务运动的作用和局限性。”我们设置“系列式问题”就必须紧扣这个核心内容，解析其组成这个核心内容的主要成分。通过对课程内容的学习和教材的阅读，你就会发现它的组成要件：一是洋务派发动洋务运动的目的；二是洋务派为达到这个目的创办的两用工业；三是洋务运动在中国近代史上的推动作用；四是洋务运动的历史局限性。有了对这一课核心内容组成要件的明确解析，“系列式问题”的设置就水到渠成了。

之三，以提升能力为目标进行设置。

又如《洋务运动》一课，通过设置问题对识记能力的培养。“洋务派在中央和地方的代表人物”是必须要求识记的内容。其中的重难点，是中央代表恭亲王奕䜣。“奕䜣”这两个字既容易读错，也容易写错。“奕䜣”的读音是“yì xīn”。“奕”字的结构是从“大”，“亦”声；“䜣”字的结构是从“言”，“斤”声。根据这个教学的重点和难点设置相关的问题，学生如果解决了这个问题，学习能力的增强也就成了顺理成章的事情了。再如《洋务运动》一课对思辨能力的培养，设置的问题是：请根据你对“洋务运动”的学习和了解，从两个不同的角度谈谈它的历史意义。一方面是，引导学生思考“军用工业”“民用工业”“交通运输”“教育教学”等的创办和发展，他们就可以说出洋务运动在历史的进步意义。另一方面是，引导学生思考“运动的目的”“运动的结果”“甲午中日战争”等史实，他们就可以说出洋务运动在历史上是一场失败的运动。在这个过程之中，学生学会从不同的角度收集史实，然后又从不同的角度得出相应的历史结论，这样就轻松自如地培养了学生的辩证思维能力。

之四，以突出主题为焦点进行设置。

“主题”是课文的灵魂，教学中只有抓住了课文的“主题”，才能够抓住课堂的“灵魂”。只有聚焦课堂“灵魂”的教学设计，才能够成为“灵动的课堂”“有神的课堂”。如人教版《中国历史》七年级上册《第9课　秦统一中国》① 一共由三个板块组成：《秦灭六国》；《确立中央集权制》；《巩固统一的措施》。通过对这三个板块内容的分析，发现它们都围绕着“统一”这个主题一一展开。

1.《秦灭六国》，先介绍“统一六国的背景”，再介绍“统一六国的过程”，最后介绍“统一六国的意义”。这“三个统一”又可以归结到“版图统一”这小主题上来。

2.《确立中央集权制》，先介绍“中央集权制度建立的背景”，再介绍“皇帝制度的建立”，最后介绍“郡县制度的建立”。这“三个有关制度的内容”又可以归结到“政治制度的统一”这小主题上来。

3.《巩固统一的措施》，分别介绍了“巩固统一措施的目的”“统一文字”“统一货币”“统一度量衡”和“统一的作用”等。这些内容又可以归结到小标题“巩固统一的措施”上来。

根据以上对于课文内容的分析，围绕“统一”这个主题，拟定出一个以“统一”为内在联系的系列问题。有了这样的课堂设计，将会使你的课堂变得“形神兼备”。从课后反馈的信息看，学生们是只要你一说到“秦统一中国”，他们便很快抓出主题词“统一”。只要你再一问“秦王嬴政是怎样统一中国的”，他们又很快说出答案，是通过“版图统一”“政治制度的统一”和“巩固统一的措施”来完成的。如你需要继续提问，他们就可以继续回

① 龚奇柱. 中国历史·七年级上册［M］. 成都：四川教育出版社，2003：50－55.

答。这样的教学犹如抽丝剥茧，一切都变得轻松自如，使教学的积极性得到空前提高。

三、巧用“双驱”推动学习更轻松

“双驱”，指的是启动学生参与学习的“外部驱动力”和学生主动学习的“内部驱动力”。第一个“驱”是大课堂中，教师要全力以赴对学生施展“外部驱动力”，调动学生进入到学习中去，它犹如汽车启动时的蓄电池的动力。这个“外部驱动力”简称“外驱”。第二个“驱”是大课堂中，教师要想方设法激发学生对学习的“内部驱动力”，促使学生自觉地进入到学习中去，它犹如汽车启动后的发动机的动力。这个“内部驱动力”简称“内驱”。教师的“外驱力”，通过学生的“内驱力”发挥作用之后，学生“这辆汽车”便快速运动起来，这时教师发挥出“驾驶员”的作用就可以了。“双驱”是对新课程改革倡导的“教师‘主导’学生‘主学’”的深化研究之后得出的观点。几十年来，就是“教师‘主导’学生‘主学’”这句话，自从新一轮课程改革推出之后，尽管说了千万遍，真正落实到我们的课堂教学之中的却是寥寥无几，给人一种天地悬殊的感觉。“双驱促学”这个新观点，就更不用说了。当然，这里面有着多种因素的影响，在此我就只从愿意积极参加实验的教师的说和做，讲一讲一管之见。

俗语说：“包子这么大，油条这么长，看着容易做着难。”古有诗云：“纸上得来终觉浅，绝知此事要躬行。”不管是从新课程理念来看，还是从学校的立德树人的根本任务来看，“双驱促学”的观点，实验教师大多是乐于接受的。但是，从绝大多数实验教师的课堂教学实际来看，由于传统课堂教师“主讲”的巨大惯性作用，他们一进课堂，就变成了“独家讲坛”，学生就成了“独家讲坛”的“看客”。其后果是外驱力过于强大，内驱力没有很好地发挥作用，这样的课堂自然就是事倍功半。那些能够准确领悟“双驱促学”的实质，又能够主动将这种理念运用到自己的课堂教学实践的实验教师，就能够协调地发挥出“内外驱动力”的作用，让他的课堂起到事半功倍的效果。

“双驱”怎样才能够巧妙协调发挥其作用呢？

第一是“巧抓四学”。

1. “复学”怎样巧抓？首先，要给学生布置明确的复学任务。如前，复学《第3课　远古的传说》，主要回答下面两个问题：（1）知道炎帝、黄帝的传说故事；（2）了解传说与神话中的历史信息。其次，要有考察。考察的方式可以是“自我检测”“小组互查”“集体抽查”等。再次，要敢于评价。具体评价方法和效能详见（4. “巧抓预学”末尾）。

2. “辨学”怎样巧抓？首先，要给学生布置明确的辨学任务。如前，《第4课　洋务运动》的辨析任务是完成“互为师大课堂”的《〈洋务运动〉创新学案》。

《〈洋务运动〉创新学案》

<table>
<tr><td>创新课题</td><td colspan="2">《洋务运动》</td></tr>
<tr><td rowspan="2">创新方向</td><td colspan="2">一、了解洋务派为“自强”“求富”而创办的主要军事工业和民用工业</td></tr>
<tr><td colspan="2">二、初步认识洋务运动的作用和局限性</td></tr>
<tr><td rowspan="6">创新问题</td><td>一、洋务运动的出现</td><td>1. 洋务运动的目的，洋务派的代表人物和洋务运动的起止时间，洋务运动的主要活动</td></tr>
<tr><td rowspan="2">二、近代企业的创办</td><td>2. 洋务运动前期的时间、口号、创办人和创办企业</td></tr>
<tr><td>3. 洋务运动后期的时间、口号、创办企业和创办人</td></tr>
<tr><td rowspan="3">三、新式陆军海军的建立</td><td>4. 洋务运动在近代化军队的建设取得了哪些成就</td></tr>
<tr><td>5. 洋务派怎样重视教育的</td></tr>
<tr><td>6. 为什么说洋务运动是中国近代化的开端</td></tr>
<tr><td>备注</td><td colspan="2">第6题提示：从未能走向富强之路和积极作用两方面思考</td></tr>
</table>

其次，要有考察。考察的方式见前（第一是“巧抓四学”1）。再次，要大胆评价。具体评价方法和效能详见（4. “巧抓预学”末尾）。

3. “练学”怎样巧抓？巧抓的条件是教师做到“三熟悉”，即“熟悉课标、熟悉教材、熟悉学情”。巧抓的关键是教师要了解学生学习的“痛点”，做到点对点的解决。如前，《洋务运动》一课中对“奕䜣”的读音和书写，对“洋务运动历史意义的辩证分析”。巧抓的推动力是恰当评价。具体评价方法和效能详见（4. “巧抓预学”末尾）。

4. “预学”怎样巧抓？首先是选用恰当的“预学”布置方式。后面是布置方式和各自的优缺点：第一种是随堂布置，如果是题目内容太多，学生没有那么多时间去抄写；第二种是使用电子文档的方式传到电子白板上，要统一翻看，找时间也是一个难题；第三种是老师提前印制《历史创新学案》，分发下去，学生可以根据自己的时间自由安排“预学”；第四种是使用现成的资料，如配套《学习指要》中的知识结构和学习水平的有关内容去“预学”，使用这种现成的东西，教师最为轻松，学生最方便。到底选择哪一种“预学”方式好呢？你得因人、因材、因时而定。其次，是检查。检查的时间一般放在学生上课的第一个环节“复学”进行。检查的方式一般采用全面巡查和重点抽查相结合。再次，要随即评价。“及时评价”贯穿于“四学”的整个过程。具体评价方法是对于巡查，抽查和考核的结果要做出及时的评价。对于做得好的个体和群体，不要吝啬夸奖，要大力表扬，树立榜样。做得很差的，要点名批评，反复教育。如此“扬好抑差”，学习的正能量得到不断的传递，久而久之，教的和学的就会越来越顺，越来越有劲，教学边界被拓宽，教学上升空间被打开，教学世界会变得无比美好，教育前景变得辉煌灿烂。

第二是“巧施系问”。

那是因为，“系列式问题”设置的原则一是“以课程内容为核心”，这个原则保证了“问题指向”的正确性。如《洋务运动》的课程内容之一是：“了解洋务派为‘自强’‘求富’而创办的主要军事工业和民用工业。”如果根据这个标准设计出相关的问题：（1）请高声喊出洋务派前期和后期的口号；（2）请简要介绍洋务运动中具有代表性的军事工业和民用工业。这条设置“系列式问题”原则会主动避免教学中的随意性，保证了“问题指向”的正确性。原则二是“以认知规律为线索”，保证了“问题达成”的科学性。如《洋务运动》一课通过“洋务派创办的军用工业和民用工业”的感性认识到对“洋务运动的历史意义”的理性认识。这条设置“系列式问题”原则会主动避免教学中的史实与结论的脱节现象，保证了“问题达成”的科学性。原则三是“以提升能力为目标”，这个原则保证了“任务完成”的准确性。如《洋务运动》一课，通过“大声朗读”和“动笔书写”“洋务派在中央的代表人物是‘奕䜣’”相应的读音和字形加强识记能力。这条设置“系列式问题”原则会主动避免学生在学习中出现模糊性现象，保证了“问题达成”的科学性。

那是因为，“系列式问题”教学使课堂效率得到显著提升。

如川教版《中国历史》七年级上册《第7课秦朝的统一》紧紧围绕“统一”展开叙述的这个固有的特点，设计出如下系列问题。

1. 秦王嬴政是怎样完成统一全国大业的，秦的统一有何重要意义？

2. 统一的秦王朝的最高统治者的称谓是什么，秦王嬴政的专有称谓是什么？

3. 秦朝中央政府最重要的有哪几个，他们分别管理什么工作？秦朝地方政府推行的是什么制度？

4. 你知道“半两钱”“秦权”和“小篆”跟秦王朝巩固统一有什么关系吗？

5. 说一说，秦朝巩固统一的三大措施及其作用。

以上五个问题，是在教师深入分析教材之后，牢牢抓住“统一”这个理路设计出来的。教师如果引导学生能够顺利完成这五个问题，就能够顺利地完成本堂课的教学任务。教师如果在问题解析完成之后，再把这一系列的问题归纳到“统一”这个关键词之下，还可以有效地培养学生的“分析”和“综合”问题的能力，收到一石三鸟的教学效果。

再如川教版《世界历史》九年级下册《第3课自然科学的革命》① 的内容分别有二个子目：《近代自然科学的奠基者牛顿和达尔文》和《相对论的创立者爱因斯坦》。根据目标任务设计出这样一个“统领全篇”内容的复合问题：请你根据“预读课文”时获取的信息，按照时间顺序完成下表内容：

---

① 《自然科学的革命》，主编龚奇柱，2005年10月第1版，2010年月第10次印刷，四川出版集团，四川教育出版社出版。

国别	人名	主要成就或代表著作	意义

这个设计，涵盖课文的“基本内容”，完成课标规定的教学任务。只要能够做到这两点，请你不要担心“题目太简要”，其实是题目越简要越好；因为题目越是简要，目标就越明确，教学效果就越好。况且，精炼出的简要题目，让学生自主学习和互动学习的时间就越多，教学时间的有效率就会成倍增加。

综上所述，“互为师大课堂”应用推广的节点是“安排好‘复、辨、练、预’四个学习步骤”，设计好“一个系列问”，使用好“内外驱动力”。为了方便理解和运用，概称为“‘四一二’教学法”。

（重庆市渝高中学校 张凤翎）

第3编

“互为师大课堂”之确质答疑

“‘互为师大课堂应用推广’研讨会”于2018年12月在奉节县隆重举行。来自重庆市内外的专家和一线教师，提出了很多有价值的观点，以及应用推广亟须解决的一些问题。

一、“互为师大课堂应用推广”的价值有哪些

（一）“互为师大课堂”的构建紧紧扣住时代的脉搏

从学生的角度看，“互为师大课堂”，以互联网为背景，以信息技术为支持，以“四步自学”为学习过程，以“系列式问题”为自学指南，以“自主学习”为着力点，以有效提高学生的学习力为目标，从而催化学生学科核心素养的快速形成。

从教师的角度看，“互为师大课堂”，以互联网为背景，以信息技术为支持，以“四步自学”为教学过程，以“系列式问题”为教学指引，以“主导教学”为着力点，以有效提高教师的教学力为目标，从而催化教师专业技能的卓越发展。

（二）“互为师大课堂”是“学习金字塔”理论的有效实践

学习金字塔使用数字形式形象显示出：采用不同的学习方式，学习者在两周以后还能记住内容（平均学习保持率）的多少。在塔尖，第一种学习方式——“听讲”，也就是老师在讲台上讲解，学生在座位上听课，这种我们最熟悉最常用的方式，学习效果却是最低的，两周以后学习的内容只能留下5%。在塔基，第七种学习方式——“教别人”或者“马上应用”可以记住90%的学习内容。由此可见，“听讲”是效率最低的一种学习方式，可观我

们的教育现状，它却是最为传统最为普遍的课堂教学模式。“教别人”或者“马上应用”是效率最高的一种学习方式，可观我们的教育现状，它却是最为稀有最为难得的课堂教学模式。

“学生教学生”就是“互为师大课堂”充分利用“教别人”的这种“卓有成效”的学习机制，巧妙地将我们的普通课堂转变成高效的课堂，卓越的课堂。

（三）“互为师大课堂”是对传统课堂教学的继承和创新

大课堂的“复学”对传统课堂教学既有继承又有创新。大课堂的“辨学”，是合作学习的集中体现，和凯洛夫的“讲授新课”有本质的区别。“辨学”的设置，是对传统课堂教学在新时代的创新。大课堂的“练学”，更加具体地凸显“动脑动手”在学习中的核心作用，比凯洛夫的“巩固新知识”更加具体。大课堂的“预学”，有效引导了学生养成自主学习的习惯，这是传统课堂忽视了的一个重要内容。它的设置，显然具有创新性。

（四）“互为师大课堂”立足学生的现实，着眼学生的未来

现在的学生所处的时代，是一个“知识爆炸”的时代，是一个“互联互通”的时代，是一个“人工智能”的时代。面对这个崭新的时代，如果让我们的学生穿新鞋走老路，将会被时代所抛弃。“互为师大课堂”通过“复学、辨学、练学、预学”四个环节组织教学，完成课程标准规定的任务。“互为师大课堂”通过“辨学、预学”等重要环节将“自主学习、合作学习和探究性学习落到实处”，有效促进学科核心素养的形成，从而为学生未来的发展打下良好的基础。

（五）“互为师大课堂”促进了教师的专业发展，拓展了教师的发展空间

“读书十年，不如教书一年”的经验体会，将会促进新教师学与教的角色转换，进一步明确教师角色定位的重要性。“学习金字塔”最为重要的观点是“教别人”或者“马上应用”的学习效率最高。明确了这个观点，教师将会有意识地主动去推进教学方式的变革。“翻转课堂”操作原理的有效应用，将会促进教师由“满堂灌”的一言堂转变为“自主学”的活课堂。“学习共同体”的建设在促进学生相互发展的同时，还将有效促进教师的专业发展。“互为师大课堂”的发展方向是建设成为充满灵性的智慧课堂，它将为

教师拓展出无限广阔的发展空间。

二、“互为师大课堂应用推广”可能遇到的难题

（一）“互为师大课堂”中的“互为师”怎样实施

互联网时代的到来，颠覆了教师个人主宰一切的传统课堂，迎来了“兵教兵、兵教官、官教兵”的新生课堂。“互为师大课堂”就是这种新生课堂在教学理论和教学实践的探索和总结。如果要构建“互为师大课堂”，就必须首先构建“互为师”的教学关系。如果要构建“互为师”的教学关系，教师就必须首先要建立起“师生平等、生生平等、互助互学”的教学理念；其次是教师还要把这种理念传输给学生。关键是通过不断的课堂教学实践让这种理念转变成教学行动。如此这样，“互为师”的“大课堂”才真正走出了坚实的第一步。

（二）“互为师大课堂”中的“大课堂”怎样安排

互联网时代的到来，激烈地冲击着“封闭保守”的传统课堂，深情地呼唤着“开放灵动”的现代课堂。“互为师大课堂”就是具有“开放灵动”特点的现代课堂。为了体现“课堂”之“大”，在教学设计上做了这样的安排。第一是扩大教学环节。传统课堂的“组、复、新、巩、布”五个环节几乎被封闭在课堂之内。“互为师大课堂”的“复学、辨学、练学、预学”中的“预学”，是有意识地将学习活动安排在课外进行。第二是扩大教学内容。传统课堂的“组、复、新、巩、布”的五个内容主要涉及的是上节课和本节课的内容。“互为师大课堂”的“复学、辨学、练学”的内容跟传统课堂相似，“预学”却涉及下节课的内容，也就是说，“大课堂”的每一节课要涉及“前、本、后”三堂课的内容。第三是扩大教学场所。传统课堂是“教室四堵墙学生里面藏”，“大课堂”将教室由“基本课堂”延伸到学习社区的“扩展课堂”。“扩展课堂”让学生有机会利用现代媒体、传统媒体进行学习和向先知先觉学习。

（三）“互为师大课堂”中的“四学”怎样设置

“互为师大课堂”展开的过程是“复学、辨学、练学、预学”四个步骤。

第一步，复学。

它是本课学习的先导，是后面学习的基础。复学的内容什么呢？可以是前一课，前几课，或者其他与本课相关的内容，其选择标准是“本节课”的目标任务。设置这个环节的主要目的是“温故而知新，可以为师矣”。

第二步，辨学。

辨学是“互为师大课堂”的核心环节，是基本课堂和扩展课堂的交汇点，是纸质媒体和网络媒体的聚集点，是多种学习资源的整合点。辨学质量的好坏直接关系到“互为师大课堂”的好坏。辨什么？辨重点、辨难点、辨疑点、辨热点等。这些辨点怎么来？主要是教师根据课标、教材、学情、教情确定出来。

第三步，练学。

练学是辨学的延续，是本课的落脚点。练学指的是完成练习时，遇到了疑难问题之后再次主动寻找有效信息来解决问题的学习过程。由于课堂时间的金贵性，练学问题的设置必须具有典型性。练学环节的安排，是通过当堂检测，学以致用。

第四步，预学。

预学是练学之后的新任务，是为新一课的学习做准备，一般在课的最后一个环节布置任务，任务完成的时间一般在课外。把预学安排在课外，就是有意识地拓展学生学习的空间，把学习的场地由教室扩展到了教室以外的学习社区。怎样才能够有效预学？实验告诉我们，以问题为导向效果最好。

（四）“互为师大课堂”中的“双驱”怎样发力

教师通过励志、激趣、激励等手段激发出学生对学习的欲望，学生通过自身努力来满足自己的学习欲望，心甘情愿地去解决学习中的各种问题，完成老师布置的各种任务。教师的这个作用，就犹如汽车启动时的蓄电池的作用。学生发挥出的这个作用，就犹如汽车启动之后发动机自身发挥的作用。

“双向驱动”，让“互为师大课堂”不断向前发展。

（重庆市渝高中学校　张凤翎）

下辑 02

互为师大课堂应用

第 4 编

“互为师大课堂”之语文应用

第一节　《卖油翁》教学设计

教学目标

一、语言建构与运用

1. 能够用普通话流利地朗读课文，掌握字音、词义。

2. 能够借助课前预学和课文注释用现代汉语翻译课文。

二、思维发展与提升

1. 通过师生对话、同学交流碰撞，能够分析概括陈尧咨和卖油翁的人物形象。

2. 品味语言，赏析文章精彩的动作、语言描写。

3. 学习文章中类比、对比手法的运用。

三、审美鉴赏与创造

1. 通过对文本的反复诵读涵咏，能够欣赏文言文的语言之美，简洁之美和构思之美。

2. 通过小组交流讨论，能够对人物进行客观全面的评价，引导学生欣赏高尚的人格。

四、文化传承与创新

1. 学习古人姓名、字号、谥号等不同称谓，弘扬传统文化。

2. 理解熟能生巧的道理和谦虚务实、知错能改的精神品质。

教学重点和难点

一、重点

1. 通过师生对话、同学交流碰撞，能够分析概括陈尧咨和卖油翁的人物形象。

2. 品味语言，赏析文章精彩的动作、语言描写。

二、难点

1. 学习文章中类比、对比的写作手法。

2. 通过对文本的反复诵读涵咏，欣赏文言文的语言之美，简洁之美和构思之美。

课型

新课。

教学准备

1. 学生自主学习导学案。

2. 选择合适的抖音短视频。

3. 制作多媒体课件。

教学方法

讲授法、朗读法、小组合作探究法。

教学时间

1 课时。

教具（教学媒体）

自制课件。

教学过程

导入：

同学们，你们都玩抖音吗？（玩）抖音里最近有一个视频非常火，我们一起来看看（PPT视频：二八二五六）。这个动作是不是有点复杂呀！（是的）你们会不会呢？（不会）那么我们今天就一起去认识两个人物，我相信你们对他们深入了解后，你们一定就会啦！下面就让我们一起走进欧阳修的《卖油翁》，看看这位卖油翁有何绝技？

第一步　复学

昨天已经要求大家"预学"了课文，现在我来进行今天的"复学"。开火车抢答！

1. 这些文常知识，我会填：

本文作者__________，________朝代的人，字永叔，号，伟大的政治家、________，________之一。

2. 这些字，我会认：

自矜　家圃　睨之　颔之　忿然　酌油　杓

3. 这些句子我会断句：

（1）公亦以此自矜。

（2）睨之久而不去。

（3）汝亦知射乎？吾射不亦精乎？

（4）徐以杓酌油沥之。

第二步　辨学

师：通过刚才的"复学"，看出大家"预学"的效果非常好。那么接下来我们将进入"辨学"环节。

（一）通文意

自读课文，同桌一起结合课下注释用现代汉语翻译课文。

师生明确：

陈尧咨善于射箭，世上没有第二个人能跟他相媲美，他也就凭着这种本领而自夸。曾经（有一次），（他）在家里（射箭的）场地射箭，有个卖油的老翁放下担子，站在那里斜着眼睛看着他，很久都没有离开。卖油的老头看他射十箭中了八九成，但只是微微点点头。

陈尧咨问卖油翁："你也懂得射箭吗？我的箭法不是很高明吗？"卖油的老翁说："没有别的（奥妙），不过是手法熟练罢了。"陈尧咨（听后）气愤地说："你怎么敢轻视我射箭（的本领）！"老翁说："凭我倒油的经验就可以懂得这个道理。"于是拿出一个葫芦放在地上，把一枚铜钱盖在葫芦口上，慢慢地用油杓舀油注入葫芦里，油从钱孔注入而钱却没有湿。于是说："我也没有别的（奥妙），只不过是手熟练罢了。"陈尧咨笑着将他送走了。

（二）明事理

师：好的，同学们，有了翻译做铺垫，已经对这篇文章很熟悉了。那么现在大家来告诉老师，这篇文章写了谁和谁的故事？（用三个字说出人物的名字）。

生2：陈康肃、卖油翁。

生3：陈康公、卖油翁。

生4：康尧咨、卖油翁……（大家争论不休）（学生对文言文中人名、字、号还不清楚）

师：看来，卖油翁没问题，前面那个人争议比较大。请大家看看注释2，陈康肃公，即陈尧咨，字嘉谟，谥号康肃。公，对男子的尊称。

师：明白了吗？

生5：明白了，这个人叫陈尧咨，康肃公是他的谥号。

生6：应该是康肃是他的谥号。

师：是的，我们学习古文就要了解古人知识，对于人物的称呼也是一个知识点，请看大屏幕。

PPT

一、谥号，为古代君主、诸侯、大臣、后妃等具有一定地位的人死去之后，根据他们的生平事迹与品德修养，评定褒贬，而给予一个寓含善意评价、带有评判性质的称号。如岳武穆（岳飞）、陶靖节（陶渊明）等。

二、古人的名多用于自称，称呼别人多用字，有名气的要称号，死者一般都要称谥号。

三、古人称号表示尊敬，称谥号更有尊崇之意。公是对男子的尊称。

师：所以呢，本文写的是关于（一边板书）康肃公、卖油翁的故事。接下来，请用两个字概括他们俩干了什么事儿？

生7：康肃公射箭，卖油翁卖油。

生8：老师，他说卖油翁卖油不对。这篇文章中主要讲的不是卖油翁卖油，而是卖油翁倒油。

生9：要用文章里的字，卖油翁沥油比较好。

师板书。

康肃公射箭，卖油翁沥油。

师：那他们两个的水平怎么样呢？请你用一个四字词语概括？

生：康肃公当世无双。

生：应该是十中八九。

师：到底是十中八九好呢？还是当世无双好？为什么？

生思考。

师：就射箭来说，我们可有很多词语来形容的呢，比如，百发百中、百步穿杨？

生：老师，我认为用十中八九更准确。

师：好的，我们圈起来。那卖油翁技术如何呢？

生：技艺高超。

师：技艺高超太宽泛了。

生沉默。

师：找不到我们就去课文中找，请勾画出课文中描写卖油翁沥油的句子。

生：（齐读）乃取一葫芦置于地，以钱覆其口，徐以杓酌油沥之，自钱孔入，而钱不湿。

师：从这一段动作描写中我们可以看出卖油翁的技术如何？

生：入孔不湿。

师：有没有其他的看法？

生：入钱不湿。

师：（板书）入钱不湿。“钱”比“孔”更明确。非常好！我们再看这几个动作是断断续续的，还是一气呵成的？

生：一气呵成。那么我们再读的时候语速稍微要快一点。很流畅的。

生齐读。

师：一个射箭十中八九，一个沥油过钱不湿，看来两个人都是高手啊。同样是高手，但是这样两人的态度可就不一样啦？请你用文中的一个四字词语来概括。

生：陈尧咨以此自矜。

师：什么叫以此自矜呢？

生：就凭这种本领夸耀自己。

师：中国的古文最大的特点就是精练。这里以此自矜，作者没有说出来，想一想，如果您是陈尧咨，您怎么夸耀自己啊？

生：想象。

师：真不错，很是骄傲。那卖油翁面对自己的高超技艺是什么态度呢？

生：很平淡。觉得是手熟尔。

师：平淡，哪几个字最能体现这种平淡。哦“无他”什么感觉？

生：轻描淡写。

师：既然这样，这个故事我们就可以用这样一副对联来概括。

师板书。

康肃公射箭十中八九以此自矜

卖油翁沥油过钱不湿我亦无他

师：一副对联还差一幅横批呢？

生：惟手熟尔。

（三）析写法

师：是啊，同学们！一个射箭的，一个沥油的，两者本没有关系，但是俩人在一起就有了故事，有了趣味。请大家再读课文，说说你最喜欢这两个人物中的哪一位？

生1：我最喜欢卖油翁。因为他很低调谦逊（无他，惟手熟尔）、不惧权贵（睨之、但微颔之）、技艺高超（沥油）。

生：他的说理很具特色，他是以自己的亲身经历来说话的，而不是高谈阔论。

师：这种写法叫作什么呢？

生：类比。

师：那大家都不喜欢陈尧咨了？为什么？

生：因为他骄傲自大、自我炫耀。

师：确实如此。书上说得很明确。就因为这个？

生：因为他还盛气凌人。“汝亦知射乎？吾射不亦精乎？”

师：这句话是什么语气？

生：前一句是疑问，带有轻蔑的语气？意思是你一个卖油的都知道射箭？

PPT

古代六艺：礼乐御射书数

师：很好！你来读一读。第二句是什么语气？

生：反问。

师：哪里可以看出来？

生：不亦……乎？我们曾经学过：“有朋自远方来，不亦乐乎？”

师：很好！这句话的意思是我的技艺难道不精吗？改为陈述句就是：我

的技艺很精！还有没有？

生：尔安敢轻吾射！你怎么敢轻视我射箭的技术！

师：是啊！这个句子和前面的句子有什么差别啊！

生：一是称呼不同。一个用汝；一个用尔。

师：是啊，这些句子确实可以看出来，陈尧咨这个人趾高气扬、盛气凌人啊！来，我们一起来朗读这两个句子，注意重音的落脚点。

汝亦知射乎？

吾射不亦精乎？

尔安敢轻吾射！

师：语言描写最能体现一个人的人物形象。按照同学们对于陈尧咨的看法，文中有一句话显得有点多余了，你们认为是哪句话呢？

生：康肃笑而遣之。

师：什么意思？这句话能否看出作者的一些用意？

生：侧面反映了陈尧咨认错了。一个“笑”字也告诉我们陈尧咨是一个知错能改的人。

师：哦！看来世界上没有哪一个人身上全是优点，也没有哪一个人身上全是缺点。陈尧咨先前愤然怒怼，现在却笑而遣之，作者这种写作方法叫作什么呢？

生：前后对比。

师：同学们，我们回过头来看这篇文章，作者欧阳修作为唐宋八大家之一，运用语言、动作描写使人物形象跃然纸上。又通过类比、对比将大道理深入浅出道了出来。

师板书。

语神动作描写人物跃然纸上

对比类比结合道理深入浅出

师：老师给这一副对联也写了一个横批：高人在此。你认为这里的高人是指谁呢？

生：欧阳修。

师：仅仅是欧阳修吗？

生：还有卖油翁也是高人。

生：康肃公也是高人啊！

第三步　练学

师：通过刚才的辨学，我们梳理了文意，明白了事理，分析了写法。接下来我们我要检测一下大家所学。请大家打开导学案第三部分“练学”，用2分钟时间完成检测。

生完成练习并明确答案。

1. 解释下面句中的加点词。

（1）公亦以此自矜　矜：夸耀

（2）康肃笑而遣之　遣：打发。

2. 用现代汉语翻译下面的句子

（1）以我酌油知之。

明确：凭我倒油的经验就可以懂得这个道理。

（2）我亦无他，惟手熟尔。

明确：我也没有别的（奥妙），只不过是手熟练罢了。

3. 下列理解不正确的一项是__B__

A. 第一段写了陈尧咨射箭的技艺高超。

B. 第二段写了卖油翁酌油的本领过人。

C. 本文中陈尧咨自信，卖油翁自大。

D. 本文揭示了“熟能生巧”的道理。

第四步　预学

师：好的，今天这节课我们就学到这儿，请大家今天“预学”以下三项作业：

1. 读《庄子》中“庖丁解牛”和“扁轮斫轮”的故事，比较这两篇文章和本文的异同。

2. 自学本单元“写作”抓住细节，想一想学过的哪些细节令你印象深刻？

3. 用思维导图画出细节描写的要点。

师：下课。

板书设计：

康肃公射箭十中八九以此自矜

唯手熟尔

卖油翁沥油过钱不湿我亦无他

动作语言描写人物跃然纸上

高人在此

对比类比结合道理深入浅出

（重庆市綦江区古南中学　魏小刚 重庆市綦江中学　王敏）

第二节　《卖油翁》创新学案

学习目标

一、语言建构与运用

1. 能够用普通话流利地朗读课文，掌握字音、词义。

2. 能够借助课前预学和课文注释用现代汉语翻译课文。

二、思维发展与提升

1. 通过师生对话、同学交流碰撞，能够分析概括陈尧咨和卖油翁的人物形象。

2. 品味语言，赏析文章精彩的动作、语言描写。

3. 学习文章中类比、对比手法的运用。

三、审美鉴赏与创造

1. 通过对文本的反复诵读涵咏，能够欣赏文言文的语言之美，简洁之美和构思之美。

2. 通过小组交流讨论，能够对人物进行客观全面的评价，引导学生欣赏高尚的人格。

四、文化传承与创新

1. 学习古人姓名、字号、谥号等不同称谓，弘扬传统文化。

2. 理解熟能生巧的道理和谦虚务实、知错能改的精神品质。

学习过程

第一步　复学

1. 查阅资料，填空。

本文作者________，________朝代的人，字永叔，号________，伟大的政治家、________，________之一。

2. 给下列加点字注音。

自矜　家圃　睨之　颔之　忿然　酌油　杓

3. 用斜线给下列句子断句。

（1）公亦以此自矜。

（2）睨之久而不去。

（3）汝亦知射乎？吾射不亦精乎？

（4）徐以杓酌油沥之。

第二步　辨学

一、通文意

1. 以小组同桌为单位，结合课文下方的注释疏通文义。

二、明事理

共同研讨：

1. 这篇文章是关于谁和谁的故事？（用三个字概括人物名字）

____

2. 请用两个字概括他们俩干了什么事？

____

3. 请用一个四字词语概括他们两个的水平。

____

4. 请用原文中的一个四字词语来概括两人的态度。

____

三、析写法

小组探究：

齐读课文，说说你最喜欢这两个人物中的哪一位？为什么？

____

____

第三步　练学

1. 解释下面句中的加点词。

（1）公亦以此自矜　矜：____________

（2）康肃笑而遣之　遣：____________

2. 用现代汉语翻译下面的句子。

（1）以我酌油知之。

____

（2）我亦无他，惟手熟尔。

____

3. 下列理解不正确的一项是（　　）

A. 第一段写了陈尧咨射箭的技艺高超

B. 第二段写了卖油翁酌油的本领过人

C. 本文陈尧咨自信，卖油翁自大

D. 本文揭示了“熟能生巧”的道理

第四步　预学

师：好的，今天这节课我们就学到这儿，请大家今天“预学”以下三项作业：

1. 读《庄子》中“庖丁解牛”和“扁轮斫轮”的故事，比较这两篇文章和本文的异同。

2. 自学本单元“写作”抓住细节，想一想学过的哪些细节令你印象深刻？

3. 用思维导图画出细节描写的要点。

（重庆市綦江区古南中学 魏小刚 重庆市綦江中学 王敏）

第三节 《卖油翁》教学反思

《卖油翁》是一篇古代笔记小说，编入统编本语文七年级下册第三单元。本单元讲的都是关于小人物的故事，他们没有传奇的经历、壮丽的事业、精湛的学识、豪迈的语言，但却带给人们深沉的感动。欧阳修的《卖油翁》通过卖油翁和陈尧咨之间的一段小故事，用浅显易懂的文言文表现了普通老百姓的技艺与“熟能生巧”的道理。本单元的教学目标着重在于了解叙事类文本的特征，关注文本细节，揣摩人物心理，分析人物形象，从而加深对文本内涵的体悟。

初一年级的学生文言基础还比较弱，对文本内涵的理解还需要老师引导。本堂课我着眼于学生语文素养的提升，从语言建构与运用、思维发展与提升、审美鉴赏与创造、文化传承与创新四个方面来确定教学目标。这堂课我采用互为师大课堂“四学系问”模式设计并执教，成功地达成了教学目标，教学效果明显。

一是“四学系问”，思路清晰。

本堂课，我设计了四个教学环节，即复学、辨学、练学、预学，四位一体，思路清晰，环环相扣，有条不紊。“复学”是检测预习效果。“辨学”环节是教学核心，我设计了三个分支环节，通文意、明事理、析写法。而在此基础之上我又以五个问题为驱动：一是文章写了谁和谁的故事？二是概括他们干了什么？三是他们两个的水平怎么样？四是两人的态度有何区别？五是你最喜欢其中的哪一位？整堂课通过“四学系问”从文本翻译到故事梳理，从人物形象到写作手法，巧妙地将学生的语言、思维、审美与文化四个方面的语文素养融合训练。“练学”则是对本堂课学习效果的及时检测，而最后布置的“预学”又是对下一节课知识的提前预习指导。

二是关注生本，课堂生动。

互为师大课堂的基本构成要素就是学生与学生之间的相互学习，学生与老师之间的相互学习，这充分体现了教学要以学生为主体、教师为主导的教学理念。其中，“复学”阶段是学生在“预学”基础上完成的，上节课我布置了三个预习作业，充分发挥了学生的主观能动性，激发学生自主学习的能力。从课上表现出来的情况看，学生预学充分，效果明显。“辨学”环节充分体现了师生互动、生生互动：一是采用同桌交流、小组讨论的形式，鼓励学生听取他人见解，学会质疑，碰撞交流；二是积极开展师生对话，在对话中激发学生思维，激发学生潜能，真正做到在“辨”中学习，在“辨”中生长。整堂课学生参与度高，积极性强，课堂效果好。

三是讲练结合，设计精巧。

互为师大课堂能够让每一节课都看见学习的效果。“练学”环节时间虽短，但是练习效果很佳，对文言词语、句子翻译、中心意思的把握都做了检测，让语文学习不仅有了“厚度”，还有了“硬度”。其次是本堂课设计巧妙。我在这堂课的设计上花了很多时间，查阅了很多资料，最终用两副对联囊括文本，对联一主要是对文本内容的把握，对联二则是就写作技巧的提炼。既不生硬，也不牵强，润物无声，水到渠成。其中，对古代人物称谓知识的穿插讲解，很好地将传统文化融入教学中。在课堂中，我还反复让学生变幻形式朗读课文，让语文课堂灵动起来。

当然，整堂课还有很多不足的地方有待改进。一是老师教学语言不够精练，很多问题纠缠较多。二是问题表述还不够清晰，比如，这篇文章是关于谁和谁的故事，请用三个字说。三是学生话语范围不够开阔，有些牵着学生鼻子走的感觉。

（重庆市綦江区古南中学　魏小刚 重庆市綦江中学　王敏）

第四节 《卖油翁》学习反思

今天，我们在魏老师的带领下学习了第三单元的文言文《卖油翁》。这堂课我学习的效果非常好，不仅牢牢记住词语的意思和翻译，还对文章的故事情节和写作手法有了深入的理解。

一是有任务的“预学”，让我上课很轻松。上节课老师布置了“预学”，我通过查阅资料了解了与欧阳修有关的文学常识，并根据课文书上的注释对重点词语的解释加以记忆，还根据意思把全文的节奏标在了书上。所以，今天的“复学”环节我感觉很轻松。

二是“辨学”环节有碰撞，让我受益匪浅。今天在“辨学”环节阶段，我们主要梳理了文章的翻译、明晰了故事、分析了写法。翻译课文和同桌交流比我一个人单打独斗效率更高。今天在概括故事的时候，老师都给我们规定了字数，这让我们的回答比较难，但是我们回答错误的时候，老师没有否定我们，而是让我们寻找更好的词语，并比较这些词语的不同。比如，他问“十中八九”和“技艺高超”哪个更好，陈尧咨和康肃公谁更合适。在给对联加横批的时候，我们有的选择卖油翁、有的选择射箭沥油，最后老师点拨我们：对联的横批要能概括它的内涵，于是有同学就想到了“惟手熟尔”。这样的碰撞让我的脑子一直在动，一直在跟着老师和同学的思维走，感觉很有意思。

三是“练学”及时巩固了知识，让我记忆更加深刻。老师的这三个检测题，就是解释、翻译以及文章理解，这是每一次考试都要考的，他应该是告诉我们这是重点，需要记住的。

当然更出乎我意料的是，老师今天只用了两副对联就给我们把这篇文章讲通了，我原本以为要两节课才能学完。这两副对联，一副是关于故事的，一副是关于写法的，我觉得这个设计很精彩。

互为师大课堂思路清晰，让我知道每天要学什么，课上应该记什么，下来该做什么。这让我学习起来不再盲目，学习效果更好了，也越来越喜欢读书了。

（重庆市綦江区古南中学2021级7班学生 陈秋圆）

第 5 编

“互为师大课堂”之政治应用

政治之分编一

第一节 《坚持改革开放》教学设计

教学目标

一、政治认同

了解中国改革开放的历程，认同改革开放是决定当代中国命运的关键抉择。

二、科学精神

1. 知道我国从站起来、富起来到强起来的历史进程，记住党的十一届三中全会开启了改革开放的历史征程。

2. 知道改革开放的内涵及路线图。

3. 了解我国的基本经济制度和经济体制，理解改革开放解放和发展了生产力，是强国之路。

4. 理解“尊重劳动、尊重知识、尊重人才、尊重创造”的方针。

5. 通过搜集、讲述改革开放的历程，初步培养搜集和处理信息的能力。

6. 通过举例说明各种经济成分和说一说父母的职业，掌握理论联系实际的基本方法，体会“人民是历史的创造者，是真正的英雄”的思想。

教学重点和难点

一、重点

1. 我国的基本经济制度。

2. “四个尊重”方针。

二、难点

1. 社会主义市场经济体制。

2. 人民是推动改革开放的强大力量。

课型

新课。

教学准备

1. 下载并截取视频：《了不起！我的国》。

2. 准备练学环节的题目。

3. 制作多媒体课件。

教学方法

讲解法、讲述法、谈话法、启发法、图示法。

教学时间

1 课时。

教具（教学媒体）

自制课件。

教学过程

学生自主复习上一节课的内容2—3分钟。

导入新课：师生共同看一段视频《了不起！我的国》。

教师讲述：正如《了不起！我的国》这段视频中展示的那样，改革开放以来，我国发生了翻天覆地的变化，取得了众多震惊世界的伟大成就，改革开放是强国之路。2018年，我国的改革开放已进入"不惑之年"，今天，就让我们怀着感慨、激动的心情共同致敬改革开放40周年。

首先，让我们一起进入复学环节。

第一步　复学

教师设问：1. 一百多年来中华民族矢志不渝的奋斗目标是什么？

学生回答：强国富民。

教师设问：2. 为实现这一目标，中国共产党带领广大人民做出了哪些努力？取得了哪些成就？

学生回答1：新民主主义革命（1919—1949年），建立中华人民共和国，饱经苦难的中华民族"站起来"了。

学生回答2：社会主义革命（1949—1956年）确立社会主义基本制度。

学生回答3：改革开放（1978年至今），迎来了中华民族从站起来到富起来、强起来的伟大飞跃。

教师讲述：中国共产党带领广大人民做出了这三个方面的努力，也取得了举世瞩目的伟大成就。改革开放是我们党在关键时刻做出的历史性抉择，下面，让我们一起来回顾我国改革开放的伟大进程。

3. 回顾改革开放伟大进程。

（1）家庭联产承包责任制在广大农村迅速推开

学生讲述：1978年11月的一天，安徽省凤阳县小岗村18位农民郑重地签下一份"契约"，尝试"大包干"的做法。这是中国改革的一声惊雷，成为中国改革的标志。

教师讲述：是的，40 年前，18 位农民按下了红手印，成就了中国改革开放的一段传奇。

（2）党的十一届三中全会

学生讲述：1978 年 12 月 18 日，必将是载入史册的重要日子。这一天，我们党召开十一届三中全会，开启了我国改革开放的新时期。

（3）邓小平南方谈话

学生讲述：1992 年 1 月，邓小平视察深圳经济特区，发表了著名的“南方谈话”并种下一棵高山榕树。作为改革开放的总设计师，邓小平说：“改革开放胆子要大一些，看准了的，就大胆地试、大胆地闯。”

（4）习近平 20 年后南方之路

学生讲述：2012 年 12 月 7 日，新任中共中央总书记习近平到深圳视察，深圳之行寓意深刻，表达了中共新一代领导人坚定改革的决心。习近平同志在邓小平铜像脚下也亲手栽下了一棵高山榕树，这颗榕树被誉为中国改革开放再出发的“信心树”“希望树”。

教师讲解：我国改革开放的伟大进程包括实行家庭联产承包责任制、召开十一届三中全会、邓小平南方谈话、习近平的南方视察等。通过刚才的复学环节，我们对上节课所学的内容进行了复习和巩固，现在，让我们进入第二环节——辨学。请同学们根据上节课布置的预学内容，结合学案上的这些问题，展开讨论（5 分钟）。

第二步　辨学

好，我们的讨论结束了，相信同学们都是收获满满。现在，我们来进行分享。

教师设问：1. 你能说出我国改革开放的路线图吗？

学生回答：从农村到城市，从试点到推广，从经济体制改革到全面深化改革。

教师设问：2. 通过改革开放我国逐步确立了怎样的基本经济制度？

学生回答：我国逐步确立了公有制为主体，多种所有制经济共同发展的基本经济制度。

教师设问：基本经济制度是我们上学期八（下）学习过的一个知识点，我们来回顾一下。为什么要以公有制为主体呢？

学生回答：这是由我国的国家性质决定的。我国是人民民主专政的社会主义国家。

教师设问：公有制经济包括哪些经济成分？你能分别举个例子吗？

学生回答：公有制经济包括国有经济、集体经济、混合经济中的公有成分。

教师设问：我国除了有公有制经济，还有非公有制经济。非公有制经济包括哪些经济成分？你能举例说明吗？

学生回答：非公有制经济包括外资、私营、个体以及混合经济中的非公有成分。

教师讲解：这样丰富而有活力的经济制度为每个人施展才干提供了舞台和空间，由此形成了各种所有制经济平等竞争、相互促进的新格局。

教师设问：3. 通过改革开放我国逐步建立和完善了怎样的经济体制？

学生回答：社会主义市场经济体制。

教师讲解：这种经济体制一方面可以发挥社会主义制度的优越性，更好地发挥政府对经济的调控作用；另一方面也能发挥市场在资源配置中的决定性作用，从而推动经济社会持续健康发展。关于社会主义市场经济体制，在高中经济学这一部分我们将会深入地学习。

教师设问：4. 说一说父母的职业，他们是如何为家庭、为社会创造财富的？

学生回答：……

教师讲述：我作为一名普通的教师（展示自己上课的照片），从教20年，通过自己的教育教学工作，不仅将自己的小家经营得红红火火，还为国家培养了一些人才。你们的父母，包括应老师，我们都是普通的劳动者，而正是这千千万万的劳动者只争朝夕、开拓进取，推动着改革开放不断向前发展，那么证明谁是推动改革开放的强大力量？

教师设问：5. 谁是推动改革开放的强大力量？

学生回答：广大人民。

教师总结：是的，人民是历史的创造者，是真正的英雄！

教师讲解：改革开放是活力源泉，使我们整个国家充满了活力，广大人民参与社会劳动、创造社会财富的积极性和主动性空前高涨，“四个尊重”成为社会共识，请问“四个尊重”方针的内容是什么？

教师设问：6. “四个尊重”方针的内容是什么？

学生回答：尊重劳动、尊重知识、尊重人才、尊重创造。

教师讲解：劳动、知识、人才、创造这些东西都是能够创造出社会财富的，而“四个尊重”方针让一切创造社会财富的源泉充分涌流，有助于我们全面建成小康社会实现中华民族的伟大复兴。

教师：下面，我们进入第三个环节——练学。首先请同学们完成学案上的练习（3—4 分钟）。有困惑的地方，大家可以相互讨论。

第三步　练学

1. 有这样两句歌词：“我们唱着东方红，当家做主站起来；我们讲着春天的故事，改革开放富起来。”“当家做主站起来”和“改革开放富起来”代表的重大历史事件分别是（　　）

A. 中华人民共和国成立和党的十一届三中全会

B. 中国共产党成立和党的十一届三中全会

C. 中国共产党成立和中华人民共和国成立

D. 中华人民共和国成立和党的十九大

2. 我国现阶段的基本经济制度是（　　）

A. 市场配置为主体、政府推动经济发展

B. 改革开放为主体、多种所有制经济相互促进

C. 非公有制为主体、多种所有制经济共同发展

D. 公有制为主体、多种所有制经济共同发展

3. 改革开放以来，我国经济建设取得重大成就：经济保持中高速增长，

在世界主要国家中名列前茅，国内生产总值稳居世界第二，对世界经济增长贡献率超过30%。这些成就的取得，得益于（　　）

①中国共产党的正确领导

②坚持了改革开放

③逐步建立、完善社会主义市场经济体制

④尊重劳动、知识、人才、创造成为社会共识

A. ①②③　　B. ②③④　　C. ①②③④　　D. ①③④

4. 观察下面图片，你可以感受到已成为社会共识的是（　　）

①尊重知识　②尊重劳动　③尊重人才　④尊重创造

A. ①②③　　B. ②③④

C. ①②④　　D. ①②③④

5. 下列选项中，不能直接体现这一共识的是（　　）

A. 国家对全国劳动模范进行表彰

B. 国家出台新政策推进环境治理市场化

C. 国家出台引进高层次的人才政策

D. 国家采取一系列措施鼓励大学生自主创业

6. 如图漫画反映了（　　）

①在市场经济中，公有制经济和非公有制经济平等竞争、互相促进

②公有制经济与非公有制经济的地位、作用一样

③非公有制经济已成为推动我国经济发展的主导力量

④我国坚持公有制为主体、多种所有制经济共同发展的基本经济制度

A. ①④　　B. ②③　　C. ③④　　D. ①②

教师总结升华：四十年弹指一挥间，四十年沧桑巨变。回望来路，“中国奇迹”让中华民族屹立于世界民族之林；继往开来，中国改革开放的步伐永不停息，“中国号”巨轮必将到达富强的彼岸。最后，我们进入本课最后一个环节——预学。

第四步　预学

1. 改革开放以来，我们国家取得了哪些成就？
2. 改革开放以来，我们身边有哪些变化？
3. 我国的改革开放是怎样深刻影响世界的？
4. 为什么“要将改革开放进行到底”？

（重庆市茄子溪中学　应岸）

第二节　《坚持改革开放》创新学案

学习目标

一、政治认同

了解中国改革开放的历程，认同改革开放是决定当代中国命运的关键抉择。

二、科学精神

1. 知道我国从站起来、富起来到强起来的历史进程，记住党的十一届三中全会开启了改革开放的历史征程。

2. 知道改革开放的内涵及路线图。

3. 了解我国的基本经济制度和经济体制，理解改革开放解放和发展了生产力，是强国之路。

4. 理解“尊重劳动、尊重知识、尊重人才、尊重创造”的方针。

5. 通过搜集、讲述改革开放的历程，初步培养搜集和处理信息的能力。

6. 通过举例说明各种经济成分和说一说父母的职业，掌握理论联系实际的基本方法，体会“人民是历史的创造者，是真正的英雄”的思想。

学习过程

第一步　复学

1. 一百多年来中华民族矢志不渝的奋斗目标是什么？

____

2. 为实现这一目标，中国共产党带领广大人民做出了哪些努力？取得了哪些成就？

____

3. 回顾改革开放伟大进程。

第二步　辨学

1. 你能说出我国改革开放的路线图吗？

2. 通过改革开放我国逐步确立了怎样的基本经济制度？

3. 我国为什么要以公有制为主体？

4. 公有制和非公有制分别包括哪些经济成分？你能分别举出例子吗？

5. 通过改革开放我国逐步建立和完善了怎样的经济体制？

6. 说一说父母的职业，他们是如何为家庭、为社会创造财富的？

7. 谁是推动改革开放的强大力量？

8. “四个尊重”方针的内容是什么？

第三步　练学

1. 有这样两句歌词：“我们唱着东方红，当家做主站起来；我们讲着春天的故事，改革开放富起来。”“当家做主站起来”和“改革开放富起来”

代表的重大历史事件分别是（　　）

A. 中华人民共和国成立和党的十一届三中全会

B. 中国共产党成立和党的十一届三中全会

C. 中国共产党成立和中华人民共和国成立

D. 中华人民共和国成立和党的十九大

2. 我国现阶段的基本经济制度是（　　）

A. 市场配置为主体、政府推动经济发展

B. 改革开放为主体、多种所有制经济相互促进

C. 非公有制为主体、多种所有制经济共同发展

D. 公有制为主体、多种所有制经济共同发展

3. 改革开放以来，我国经济建设取得重大成就：经济保持中高速增长，在世界主要国家中名列前茅，国内生产总值稳居世界第二，对世界经济增长贡献率超过 30%。这些成就的取得，得益于（　　）

①中国共产党的正确领导

②坚持了改革开放

③逐步建立、完善社会主义市场经济体制

④尊重劳动、知识、人才、创造成为社会共识

A. ①②③　　B. ②③④　　C. ①②③④　　D. ①③④

4. 观察下面图片，你可以感受到已成为社会共识的是（　　）

①尊重知识　②尊重劳动　③尊重人才　④尊重创造

A. ①②③　　B. ②③④　　C. ①②④　　D. ①②③④

5. 下列选项中，不能直接体现这一共识的是（　　）

A. 国家对全国劳动模范进行表彰

B. 国家出台新政策推进环境治理市场化

C. 国家出台引进高层次的人才政策

D. 国家采取一系列措施鼓励大学生自主创业

6. 如图漫画反映了（　　）

①在市场经济中，公有制经济和非公有制经济平等竞争、互相促进

②公有制经济与非公有制经济的地位、作用一样

③非公有制经济已成为推动我国经济发展的主导力量

④我国坚持公有制为主体、多种所有制经济共同发展的基本经济制度

A. ①④　　B. ②③　　C. ③④　　D. ①②

第四步　预学

1. 改革开放以来，国家取得了哪些成就？

2. 改革开放以来，我们身边发生了哪些变化？

3. 我国的改革开放是怎样深刻影响世界的？

4. 为什么“要将改革开放进行到底”？

（重庆市茄子溪中学　应岸）

第三节　《坚持改革开放》教学反思

本课是人教版《道德与法治》九年级上册第一单元的第一课，具有承上启下的地位。课标要求：“了解中国改革开放的历程，认同改革开放是决定当代中国命运的关键抉择。”在认真理解课标的基础上，我主要从以下几个方面对这一课内容进行了教学设计：

第一，精心设计课堂导入。良好的开端是成功的一半，在本课导入部分我选取了《了不起！我的国》这段视频作为突破口。这样既吸引了学生的注意力，创设了学习氛围，又为引入“改革开放”做了很好的铺垫。

第二，本课采用了四步教学法，即“复学、辨学、练学、预学”。通过复学环节，让学生巩固旧知，加深理解；通过辨学环节，引导学生自学以及合作探究，教师只在一些关键环节进行适当地点拨，培养学生自主学习、合作学习的能力；通过练学环节，及时对学生所学的效果进行检测和反馈，查漏补缺；最后，通过预学环节，为下节课做准备。

第三，对教材内容进行扩展。在让学生了解我国改革开放的伟大历程中，除了教材上讲到的小岗村农民尝试大包干的做法和十一届三中全会以外，我还给学生补充了 1992 年邓小平南方谈话以及 2012 年习近平总书记再次来深圳的重要事件，让学生更完整地了解我国改革开放的历程以及国家领导人坚持改革开放的决心！

第四，突出重点，详略得当。我把“我国的基本经济制度”确定为本课的重点，在八年级下册，学生曾学习过这一知识点。通过设问“基本经济制度的内容是什么?”“我国为什么要以公有制为主体?”“公有制包括哪些经济成分？你能分别举例吗?”“非公有制包括哪些经济成分？你能举例说明吗?”，让学生回顾和进一步掌握基本经济制度的内涵。关键是通过本课继续学习基本经济制度，教师要点醒学生：基本经济制度和社会主义市场经济体制都是我国改革开放的伟大成果，通过这些经济方面的改革，我国进一步解放和发展了生产力，从而体会到改革开放是强国之路。对于“社会主义市场经济体制”，我并没有把它作为重点，只是粗略地给学生做了介绍，待学生进入高中后再重点学习。

第五，理论联系实际，突破难点。让学生理解并认同“人民是历史的创造者，是真正的英雄”这一观点是本课的难点，为此我采用理论联系实际的方法，让学生说一说父母的职业，谈一谈他们是如何为家庭、为社会创造财富的？然后，我又以自己为例，作为一名普通的教师，我通过辛勤的工作为家庭、为社会做贡献。通过这一话题的深入探讨，学生逐步认识到中国的改革开放能向前推进除了国家领导人的高瞻远瞩、正确领导，还有广大人民的积极推动，正是有千千万万普通劳动者干好自己的本职工作，才将我们的国家建设得越来越强大，所以，广大人民是推动改革开放的强大力量。

总之，本课在设计上尽可能多地为学生搜集生动、典型的各类资料，如视频、照片、图示、文本等，向学生展示出我国改革开放以来日新月异、翻天覆地的辉煌历程。通过这些教学设计，力争让课堂富有强烈的代入感，同时培养学生收集和处理信息的能力、讲述能力、分析和概括能力等。

（重庆市茄子溪中学　应岸）

第四节　《坚持改革开放》学习反思

学生李佳鑫：

我认为本节课最精彩的地方就是开场视频《了不起！我的国》，短短的几分钟让我们领略了我国改革开放四十年的飞速发展。屏幕上呈现的每一项成就，无不让人热血沸腾，我们心生震撼的同时更为作为一个中国人而自豪！这段小视频很好地切入了本节课的主题，使我们迅速地进入了上课状态。我有时也会想：中国如果不实行改革开放，那命运又将如何呢？肯定不会有我们现在这样幸福而美好的生活吧！

我还喜欢“辨学”中讨论的环节，同学们都认真地讨论着学案上的问题，相互交流、取长补短。俗话说“三个臭皮匠顶个诸葛亮”，我想不管再难的问题，只要我们四五个人聚精会神地探讨，都能迎刃而解。

学生顾枭：

应老师上课时，时而严肃、时而亲切、时而凝重、时而幽默，课堂安静有序又不失生动活泼，因此，我们大家都喜欢上《道德与法治》课。

“复学、辨学、练学、预学”四个环节，循序渐进、环环相扣、节奏紧凑、转换自然，我认为这是一堂好课！但是，同学们显得有点拘谨，可能是因为换了教室而有些紧张吧，个别同学的表达不太流畅。

我以前认为只有身居高位的人才能为社会创造财富，通过这节课的学习，我明白了农民、医生、工人、教师等普通的劳动者，他们虽然只是做着自己的本职工作，但他们用双手、用辛勤的汗水为家庭、为社会也做出了自己的贡献。因此，改革开放的伟大成果是广大人民共同努力换来的，人民是伟大的！一个国家要变得富强，靠的是每一个人的拼搏精神和不懈努力！

学生杜嘉瑜：

应老师上课的节奏把握得适度，让我们感觉轻松、舒适。她常常面带微笑，即使同学们答题有点小错误，她也不会生气，而是教我们如何分析，如何答题。我认为这节课最精彩的地方就是，当一个同学发言出现失误时，老师“临危不乱”十分淡定地说：“不慌，再说一次。”这位同学调整了自己的状态，逐渐放松下来，理清思路“重新出发”，完整地结束了自己的发言。

我的困惑是：对“改革开放的路线图”“公有制与非公有制的关系”这两个知识点的理解还不够透彻，请老师再讲深入一些。

学生邹杰：

这节课最大的亮点是在“复学、辨学、练学、预学”的每个环节，老师都准备了不少的问题，同学们摩拳擦掌地不断解决问题，很有获得感和成就感，而不像传统课堂那样，绝大部分时间都是老师在讲，显得很枯燥。

在“辨学”环节，老师设计的问题是：“说一说父母的职业，谈谈他们是如何为家庭、为社会创造财富的?”同学们回答得比较腼腆，于是，应老师就结合了自己的生活和工作，让人觉得很亲切，同学们也放松了下来。在此基础之上，老师随后又提问：“谁是推动改革开放的强大力量?”这种层层递进式的教学方式，让我们感受到了课堂带给我们的惊喜，我觉得非常精彩！

（重庆市茄子溪中学 应岸）

政治之分编二

第一节　《青春有格》教学设计

教学目标

一、知识构建与应用

1. 认识青春不能违反的一些基本规则。

2. 明确不断完善自己所应具备的品质。

3. 坚持原则，坚守底线，抵制不良思想与诱惑，自觉抵制不良思想的侵蚀。

二、思维发展与提升

1. 树立法治意识，正确判断自己的行为，要求其符合道德与法治的规范。

2. 培养理性精神，能理性分析现象，不做违反道德和法律的事情。

三、小组探究和合作

小组合作探究时事材料，分析整理思维，相互配合，互帮互学。

四、文化传承与情感

帮助落实社会主义核心价值观对于个人的要求，做到爱国、敬业、诚信、友善，发扬中华民族精神。

教学重点和难点

一、重点

懂得“行己有耻”和“止于至善”的道理。

二、难点

懂得“行己有耻”和“止于至善”的道理。

课型

新课。

教学准备

1. 学生自主学习创新学案。
2. 选择合适的热点材料。
3. 制作多媒体课件。

教学方法

任务驱动法、协作学习法、讨论交流学习法。

教学时间

1 课时。

教具（教学媒体）

自制课件。

教学过程

导入：

青少年拥有青春活力，充满无限可能，但是否意味着青少年在做事时毫无界限呢？让我们一起走进今天的话题：青春有格。

第一步　复学

师：让我们借助上节课的三个问题，一起回顾上节课所学内容。（展出三个问题）

1. 青春的探索需要自信，____________让我们充满激情。有了自信，我们才能怀着坚定的信心和希望，开始伟大而光荣的事业。

2. ____________可以让我们更自信。我们的每一点进步，都是成长的足迹，印记着我们克服惰性、抵制不良诱惑、战胜自我的努力。

3. 不断克服自己的弱点，战胜自己、超越自己，是自强的重要内容，要靠______。

生：认真分析研究问题，并作相应回答。

【设计意图】利用“复学”，让学生能巩固上节课所学内容，做到所学内容的有机整合，避免将整本书内容分割。

第二步　辨学

师：展示两则与学生息息相关的材料。

材料一：新闻上的时事热点，回答以下问题。（第一、二、三组）

2016 年年初，泰州市委市政府新设立“蜗牛奖”，明确将给那些推进重点项目不得力、履行行政职能不到位、解决群众关切问题不及时的责任人发放“蜗牛奖”。“蜗牛奖”虽不算处分，但比处分尖刻得多，足以刺痛任何获奖者的神经，从而唤醒羞耻心，让官员知耻而勇，主动作为。

生：思考与交流。

1. 泰州市委市政府新设立“蜗牛奖”的目的是什么？

2. 假如你不幸获得该奖，你打算怎样做？

3. 假如你是他的同事，你又会怎样做？

4. 如何做到行己有耻?

材料二：身边的各种变化，回答以下问题。(第四、五、六组)

2019 年年初，某校进行校园食堂改革，由学生自行携带餐具改为学校统一提供餐具，获得全校学生一致好评，为此，学校投入巨大，但也伴随着诸多问题，请思考以下问题。

生：思考与交流。

1. 自行携带餐具和学校统一提供餐具，你更愿意选择哪个?

2. 学校统一提供餐具，你认为会有哪些问题存在?

3. 学校投入大量人力物力财力进行食堂就餐改革，作为学生的我们可以做些什么来规避这些隐患?

4. 如何做到止于至善?

生：阅读材料，联系书本知识，思考并回答问题。

小组分别展示各组讨论结果；学生举例说出生活中唤醒“羞耻心”的事例；展示四张同学们身边的榜样的图片，来阐述“止于至善”的道理。

【设计意图】学生是学习的主体，这部分内容借助“远”“近”材料，拉近书本与生活的距离，将知识生活化，也可以培养学生用知识分析生活的能力，做到有事例、有故事必有提问，达到教学效果，两个材料由“远”到“近”，一步步走进学生生活，有利于更好完成“行己有耻”“止于至善”的知识目标，落实情感、态度价值观目标。

第三步　练学

师：通过同学们刚才的学习，请独立思考，完成以下练习。

1. 古人云“人不可以无耻”，“其心愧耻，若挞于市”。意思是说，真正学会做人，要从知耻开始。因为有了羞耻心人才会（　　）

①看重自己的人格

②不允许别人侵犯自己的尊严

③不做有损人格的事情

④不做损害国家和民族尊严的事情

A. ①②③　　B. ①③④　　C. ①②④　　D. ①②③④

2. 据某市未成年人管教所对在押少年犯调查的结果显示，有打架行为的少年犯占57.9%，有旷课行为的少年犯占49.8%，经常光顾网吧的少年犯占44.9%，有赌博行为的少年犯占44.3%，这警示我们（　　）

①应该增强自控能力，自觉抵制不良诱惑

②不良行为必然会发展为违法犯罪行为

③不良行为是小节，对个人成长无关紧要

④预防违法犯罪应该从杜绝不良行为开始

A. ①②　　B. ②③　　C. ①④　　D. ③④

【设计意图】练学环节是各学科必不可少的环节，将练学环节设置于课堂内，便于学生"趁热打铁"，也符合时代减负的要求，利用课堂的环环相扣，节约学生的课外时间。

第四步　预学

师：今天我们学习的内容到此结束，请大家完成"预学"的相关内容。

1. 情绪的种类有哪些？

2. 影响情绪变化的因素有哪些？

3. 情绪的积极作用和消极作用有哪些？

4. 如何正确认识青春期情绪的特点？

【设计意图】这是下节课的基础环节，利用本节课对下节课内容提前预习，节约了下节课时间，提高了学生学习效率。

师：下课。

板书设计：

青春有格

一、复学

二、辨学

（一）行己有耻的含义，怎样做到行己有耻。

（二）止于至善的含义，怎样做到止于至善。

三、练学

四、预学

（重庆市石柱中学校　寿雨）

第二节　《青春有格》创新学案

第一部分　复学

1. 青春的探索需要自信。________让我们充满激情。有了________，我们才能怀着坚定的信心和希望，开始伟大而光荣的事业。

2. __________可以让我们更自信。我们的每一点进步，都是成长的足迹，印记着我们克服惰性、抵制不良诱惑、战胜自我的努力。

3. 不断克服自己的弱点，战胜自己、超越自己，是自强的重要内容，要靠__________________、______________和____________________。

第二部分　辨学

（一）新闻上的时事热点（第一、二、三组）

2016年年初，泰州市委市政府新设立“蜗牛奖”，明确将给那些推进重点项目不得力、履行行政职能不到位、解决群众关切问题不及时的责任人发放“蜗牛奖”。“蜗牛奖”虽不算处分，但比处分尖刻得多，足以刺痛任何获奖者的神经，从而唤醒羞耻心，让官员知耻而勇，主动作为。

思考与交流：

1. 泰州市委市政府新设立“蜗牛奖”的目的是什么？

2. 假如你不幸获得该奖，你打算怎样做？

3. 假如你是他的同事，你又会怎样做？

4. 如何做到行己有耻？

（二）身边的各种变化（第四、五、六组）

2019 年年初，某校进行校园食堂改革，由学生自行携带餐具改为学校统一提供餐具，获得全校学生一致好评，为此，学校投入巨大，但也伴随着诸多问题，请思考以下问题。

1. 自行携带餐具和学校统一提供餐具，你更愿意选择哪个？

2. 学校统一提供餐具，你认为会有哪些问题存在？

3. 学校投入大量人力物力财力进行食堂就餐改革，你认为作为学生的我们可以做些什么来规避这些隐患？

4. 如何做到止于至善？

第三部分　练学

1. 古人云“人不可以无耻”，“其心愧耻，若挞于市”。意思是说，真正学会做人，要从知耻开始。因为有了羞耻心人才会（　　）

①看重自己的人格

②不允许别人侵犯自己的尊严

③不做有损人格的事情

④不做损害国家和民族尊严的事情

A. ①②③　　B. ①③④　　C. ①②④　　D. ①②③④

2. 据某市未成年人管教所对在押少年犯调查的结果显示，有打架行为的少年犯占57.9%，有旷课行为的少年犯占49.8%，经常光顾网吧的少年犯占44.9%，有赌博行为的少年犯占44.3%，这警示我们（　　）

①应该增强自控能力，自觉抵制不良诱惑

②不良行为必然会发展为违法犯罪行为

③不良行为是小节，对个人成长无关紧要

④预防违法犯罪应该从杜绝不良行为开始

A. ①②　　B. ②③　　C. ①④　　D. ③④

3. 据《第八次中国未成年人互联网运用状况调查报告》显示，超九成未成年人在上网时遇到不良信息。对此认识正确的有（　　）

①未成年人要明确是非善恶，学会选择健康的网络信息

②国家有关部门既要加强网络文明建设，又要加大监管力度，净化网络环境

③互联网企业要加强自律，勇于担当社会责任

④未成年人要增强自控能力，自觉抵制不良信息

A. ①②③④　　B. ②③④　　C. ①③④　　D. ①②③

第四部分　预学

1. 情绪的种类有哪些?

2. 影响情绪变化的因素有哪些?

3. 情绪的积极作用和消极作用有哪些。

4. 如何正确认识青春期情绪的特点?

（重庆市石柱中学校　寿雨）

第三节　《青春有格》教学反思

人教版《道德与法治》七年级下册的内容着重在于对学生进行思想引导、帮助学生树立正确的世界观、人生观，知识易教，但思想确难以引导，一个好的教学方法关乎道德与法治思想引导的成效，“复学—辨学—练学—预学”四步教学法的应用，实现了《青春有格》在教学方式上的丰富。

一、教学方式的丰富是课堂效率提升的基础

教学方式的选择依据于教师的个人喜好、教师的风格以及教师的学习总结，但不管何种教学方式，最后都直接关系课堂效率的效果，关系学生对知识的掌握及应用，以及心灵深处的触及，“复学—辨学—练学—预学”是一个有机的整体，实现了由课堂零散走向课堂统一，学生由“学”走向“读—思—练”，由知识的“单打独斗”走向合作“步步深入”。

图例 1：

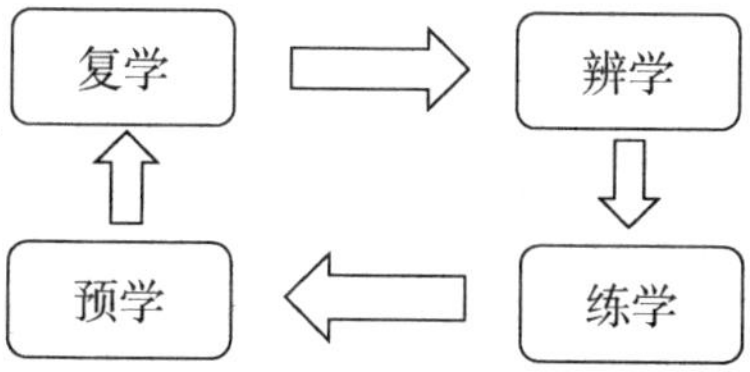

复学是基础，即对前课内容的知识回顾，但在问题的选取上需紧密结合知识的新颖点、学生思考能力的提升点、考试易混淆点及下节内容的知识结合点，复学目标明确，不能为“复学”而“复学”，而要做到因为“复学”而“复学”。

辨学是四步自读教学法的核心，辨学内容的好坏就决定了本节课所能达到的高度，辨学旨在真正能激发学生学习的热情，真正做到思想上的“辩”，要想达到这个目标，需要注意两个问题：一是辨学环节所选材料是否能真正“打动”学生，或者能做到“理论联系实际”，切忌“泛泛而谈”；二是“辨

学”所设问题是否合理，不是为了提问而提问，而要思考提问的目的是什么，提问形式是否过于简单化，问题本身是否为有效问题。《青春有格》在辨学环节采用两个材料串联，一是新闻上的时事热点，二是生活中的各种变化，两则材料的选取目的在于实现由“远”及“近”，拉近学生与知识的距离，由教师“强制”灌输知识给学生转变为学生主动探究学习，再经由问题的有效设置，落实“行己有耻”是什么，怎样做到“行己有耻”，“止于至善”是什么，怎样做到“止于至善”等知识目标。六个小组为两大组，分别就两则材料合作探究，既是竞争对手，又是合作伙伴，在竞争的引导下激发探究斗志，又互为合作者，共同将材料分析透彻，实现知识目标、能力目标、情感态度价值观目标。

图例2：

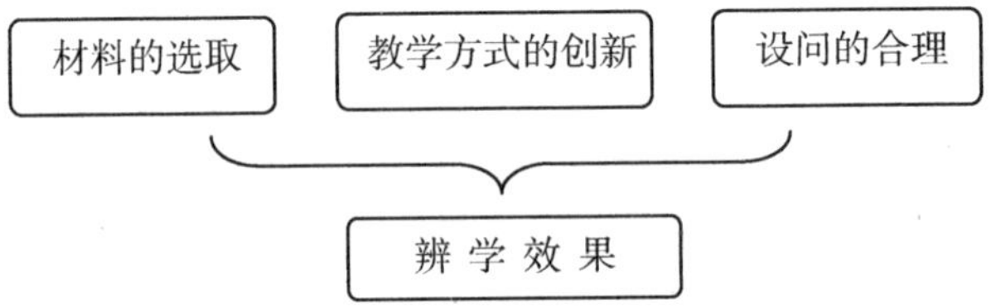

练学和预学环节相对简单，练学注重达到“承前”的目标，通过问题的设置对本框节内容进行一定巩固、检测。“预学”注重达到“启后”的目标，对下节课内容提前预习，使得四步教学法环环相扣。

二、课堂设问的合理性是激发学生兴趣的突破口

课堂设问在于诱导学生思考，课堂设问的方向就决定着学生思考的方向，《青春有格》复学篇采用了三个设问帮助学生回顾上节课知识，但三个问题设置过于简单化，对知识的回顾不到位，并不能真正提升学生思考能力，不能激发学生兴趣，练学、预学环节设问也出现同样的问题，只做到了形式上的“练学”，而未做到“神”“形”具备。

三、课堂生成的质量是完成四步教学法的关键

课堂生成依赖于教师的综合素质，教师的综合素质和课堂效果息息相

关，教师对于课堂内容的总结、学生回答的分析、事例的解读，影响着学生思想引导的方向。

“复学、辨学、练学”与教师课堂生成紧密联系：复学——学生回答的总结，辨学——学生思考的逻辑，练学——学生练习的方式，都依赖于课堂生成的效果，“复学—辨学—练学—预学”四步教学法区别于其他教学方式的关键在于由教师主导转变为以“学生”为主体，由教师掌控的舞台转变为“学生”学习的舞台，学生对三维目标的完成效果，需要教师高质量的课堂生成做铺垫。

图例3：

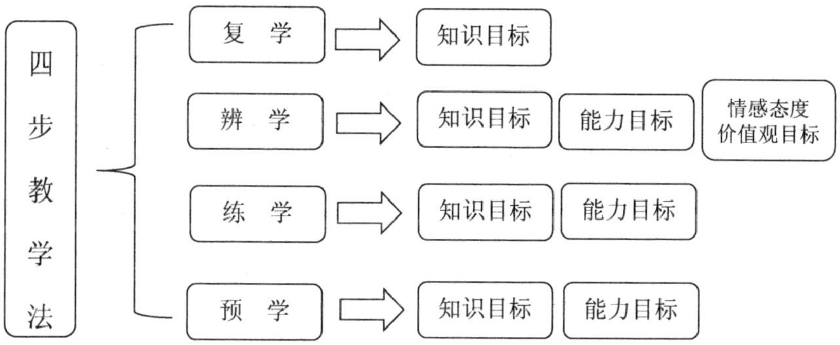

以《青春有格》辨学环节为例，辨学需让学生举例说出身边唤醒羞耻心的事例，学生回答不一，答案甚至会出乎意料，在这种情况下就需要教师分析学生回答的正确性以及是否符合本课的需要。

图例4：

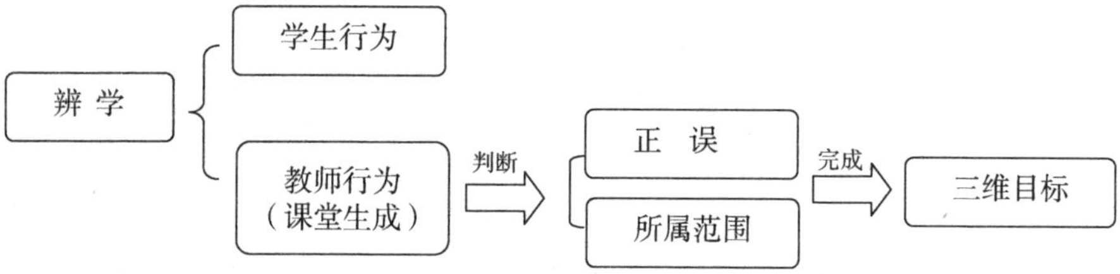

（重庆市石柱中学校　寿雨）

第四节　《青春有格》学习反思

“复学—辨学—练学—预学”四步教学法在《青春有格》中的应用，让我对老师教学方式的认识发生了改变。

“复学—辨学—练学—预学”四步教学法是时代的催生品，社会的快速发展、高考改革的创新，对教师的教学方法、学生的学习方式提出了新的要求，传统意义上的老师主动教授、学生被迫学习的方法渐渐走出历史舞台，取而代之的则是学生探究性学习，教师方向式引导的教学方式。

显而易见，“复学—辨学—练学—预学”四步自读教学法分为四步操作。

复学是基础，也是开展后续教学的第一步，复学即复读，复读什么，即对上节课内容的复习、巩固，主要目的是“温故而知新”，通过问题的设置，对上节课内容进行回顾，问题的形式可以为选择式的或材料式的，问题设置的难度应是阶梯式的，层层递进，避免问题设置过于简单化，而让复学环节成为摆设。

辨学是核心，是教学方式转变的关键环节，实现了学生主体、教师主导的转变。辨什么？辨目标、辨重点、辨难点、辨热点、辨事例等。谁来辨？学生通过教师新颖材料的选取、问题设置的合理、教师教学手段的丰富来辨知识，由被动接受到主动思辨。怎么辨？取决于教师对于教学手段的选取，教学环节的设置，如辩论、分组展示、采访等形式，实现生生互动、师生互动，实现合作学习、探究性学习的转变。

练学是目的，是本课辨学环节的检验环节，辨学环节设置是否合理，辨学效果是否良好，通过练学环节得到检验，教师通过练学质量对辨学环节进行调整，学生通过辨学环节查漏补缺，完成知识目标，学生能做到自我省察，利用课堂时间消化本课知识、整理未落实知识，也是提高课堂效率的表现。

图例1：

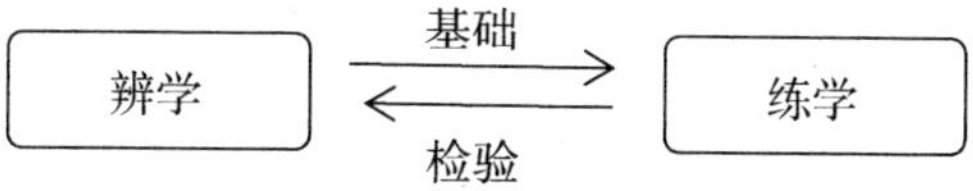

预学是补充，预学即对下节课内容进行预习，为下节课做知识准备，课堂效率的提升，在于能充分利用一节课的时间，对知识进行整合，有计划地实施教学，预学在传统教学方式中依然存在，也是关乎学生学习质量至关重要的一环，但绝大多数情况下，预学放在本节课外，而不是课内，占用了学生课外活动时间，在教学减负的大背景下，预学环节显然是与时代发展不谋而合的，符合现代教学规律。

教学方式的选择依据于教师的个人喜好、教师的风格以及教师的学习总结，但不管何种教学方式，最后都直接关系到课堂效率的效果，关系到学生对知识的掌握及应用，以及心灵深处的触及，复学—辨学—练学—预学是一个有机的整体，实现了由课堂零散走向课堂统一，学生由“学”走向“读—思—练”，由知识的“单打独斗”走向合作“步步深入”。复学、辨学、练学与教师课堂生成紧密联系：复学——学生回答的总结，辨学——学生思考的逻辑，练学——学生练习的方式，都依赖于课堂生成的效果，“复学—辨学—练学—预学”四步教学法区别于其他教学方式的关键在于由教师主导转变为以“学生”为主体，由教师掌控的舞台转变为“学生”学习的舞台。

（重庆市石柱中学校初2021级4班学生 李铭笑）

第 6 编

“互为师大课堂”之历史应用

历史之分编一

第一节 《法西斯国家的侵略扩张》教学设计

教学目标

1. 唯物史观：通过了解“德、日法西斯专政建立的背景和经过”，思考得出经济危机导致政治危机，从而加速了法西斯政权的建立。

2. 家国情怀：通过学习本课内容，在增强爱好和平意识的基础上，有警惕法西斯主义重新抬头的意识，学会从历史的角度认识如何在危机面前学会智慧选择。

3. 史料实证：通过对齐世荣《15 世纪以来世界九强兴衰史》等节选材料的解读，增强史料实证的意识。

教学重点和难点

一、重点

1. 德国、日本法西斯专政的建立。

2. 欧洲、亚洲战争策源地的形成。

二、难点

经济危机与法西斯政权建立的联系。

课型

新课。

教学准备

1. 下载视频《历史上的今天》《大国崛起》《朗读者》，截取其中有关“国会纵火案”、“勃兰特之跪”、“董卿有关选择”的片段。

2. 制作历史微课：《什么是法西斯》。

3. 在查阅相关资料（包括专著、文章和音像资料）的基础上认真制作课件。

教学方法

讲述法、讨论法、史料分析法、师生共同分析归纳的综合法。

教学时间

1 课时。

教具（教学媒体）

自制课件。

教学过程

第一部分　复学

人类社会的发展难免遭遇危机，遭遇了危机就要面对选择。这节课我们一起探讨关于“危机与选择”的话题。

首先，我们来回顾一下上一节课所学的内容。

1. 1929年—1933年世界经济领域发生了什么大事？其特点是什么？

2. 面对世界性经济危机，美国做出了怎样的选择？其结果如何？（生可能答：罗斯福新政，摆脱危机。）

这场世界性经济危机也严重冲击着德国和日本。德、日选择了怎样的应对方式？（法西斯）

第二部分 辨学

什么是“法西斯”？（观看微课《什么是法西斯》）

“法西斯”一词来源于古罗马。古罗马最高执政官行使权力时用“束棒”，即用皮带捆扎的一束棍棒，中间插一把锋刃向外的战斧，是权力的象征。束棒在他们的语言中读作“法西斯”。现代法西斯专政是指垄断资产阶级对内实行恐怖统治，对外进行侵略扩张的独裁政治。独裁专制、极端民族主义、军国主义是法西斯主义的三大特征。

最早建立法西斯专政的是哪个国家？由于什么原因选择了法西斯道路？

一、意大利为什么会选择法西斯道路？

意大利最早建立法西斯专政。早在1922年，意大利因为受到“第一次世界大战”的影响，国内出现严重的经济危机和政治危机，墨索里尼率领法西斯党徒“进军罗马”，建立起法西斯专政。那德国为什么会选择走法西斯道路来应对危机？

二、德国为什么会选择法西斯道路？

1. 德国为什么会选择法西斯道路？

我们来看20世纪30年代初的德国。

（引导学生逐段分析材料）

材料一 从1929年到1932年，德国煤产量下降了32.7%，生铁产量下降了70.3%……到1932年8月，德国整个工业生产指数下降了40.6%，下降幅度仅次于美国……农业生产下降了30%。

——齐世荣、钱乘旦、张宏毅《15世纪以来世界九强兴衰史》

材料二 经济危机带来的最严重后果是给社会造成了一支庞大的、不稳定的失业队伍，加剧了社会危机……（德国失业人员）最高时达到800万人，占全部劳动人口的43.8。

——齐世荣、钱乘旦、张宏毅《15世纪以来世界九强兴衰史》

材料三　1929年经济危机把德国推向了绝境，魏玛共和国无能为力，国际社会也没有救助。谁能拯救德国，谁就会成为大众拥戴的领导者。

——朱维毅《德意志的另一行泪》

材料一出现频率最高的是哪个词语？表明30年代初的德国出现了严重的经济危机。材料二中，大量工人失业，走投无路，逐渐沦为流浪汉，由此引发严重的社会危机。材料三中魏玛共和国“无能为力”，表明资产阶级政府出现了统治危机。总之，30年代初的德国充满重重危机，为纳粹运动的迅速崛起提供了机会。

请一位同学介绍一下法西斯组织——纳粹党的头目希特勒。

希特勒出生于奥地利，参加了第一次世界大战，获得了他引以为豪的铁十字奖章。后来参加了德意志工人党，并将其改组为“民族社会主义德意志工人党”，也就是纳粹党，自任党魁。他写了很多书、发表了很多演讲来宣传纳粹思想。

（生读希特勒《致民族呼吁书》）

你们或许要说：希特勒先生，我需要一个工作，一块面包。是的。你的说法很对，生命实在是太重要了。但是我要告诉你们：这世界上还有一种东西比生命更重要，那是自由！那就是尊严！

——阿道夫·希特勒《致民族呼吁书》1932年

从这段材料可以看出，希特勒擅长进行蛊惑性宣传。他利用德国民众对《凡尔赛和约》的愤怒情绪，极力鼓吹德意志民族是“优等民族”，鼓动德国冲破《凡尔赛和约》的束缚重新获得“自由”“尊严”。希特勒把个人的野心与德意志民族的情绪绑架在了一起。

危机之中、蛊惑之下，德意志，何去何从？

他们最终选择了法西斯恐怖独裁来应对危机！640万选民把选票投给了希特勒！请同学们把德国法西斯专政建立的原因勾画到书上。并做好批注。

从以上分析我们可以看出，经济危机是德国共和国崩溃、法西斯上台的重要因素，纳粹党的欺骗性宣传加速了德国的法西斯化。欺骗与谎言、狭隘与偏见使法西斯势力像瘟疫一样迅速蔓延。

2. 德国法西斯统治是如何建立的?

请同学们阅读教材提炼要点，梳理德国法西斯统治建立的过程。

过程：

（1）1932 年，纳粹党成为议会第一大党；

（2）1933 年年初，希特勒出任总理；（上台标志）

（3）1934 年，希特勒自称“国家元首”。

法西斯统治就这样在德国建立起来了。从此腥风血雨弥漫于德国和世界，历史掀开了最黑暗的一页。

3. 德国法西斯统治具体表现在哪些方面?

法西斯统治的第一个特征就是独裁专制。希特勒上台不久，就制造了“国会纵火案”。

（播放《国会纵火案》视频）

希特勒制造国会纵火案想达到什么目的?（打击共产党，搞一党专制。）希特勒还强迫解散其他资产阶级政党、焚毁进步书籍、解散工会等，剥夺了人民所有的民主自由权利，实行专制独裁。

法西斯统治的另一个特征表现为极端民族主义。纳粹党宣扬种族优劣论，残酷迫害犹太人。大科学家爱因斯坦就是因为受到纳粹迫害而被迫远走美国。纳粹党还强迫犹太人戴上黄星标志。黄星呈六角形，也叫大卫星，是犹太教和犹太文化的标志。为什么说让犹太人戴上黄星标志是对犹太人的迫害呢? 在上这一课之前老师也不懂，有同学可以为老师、为同学们解答一下吗?

（2—3 名学生发言）

让犹太人戴上黄星标志是对犹太人的人格侮辱，也是为了方便以后送他们去集中营。纳粹分子不仅侮辱犹太人的人格，还以极其残暴的手段剥夺犹太人生命的权利。这是一组关于奥斯维辛集中营的数据，100 万犹太人惨死于此，在这里发现了 1.4 万条人发毛毯和 7.7 吨没有来得及运走的头发。看了这组触目惊心的数据，你有什么感受？（自由发言）

你是否体会到纳粹的穷凶极恶、人性沦丧，你是否听到了上百万犹太冤魂泣血的控诉？

军国主义是法西斯主义的另一个显著特征。在他（希特勒）看来，战争不仅是争取“生存空间”的手段，而且也成为维护“优等种族”“优良特性”目的的手段。希特勒把国家变成军营，实行国民经济军事化；撕毁《凡尔赛和约》，扩充陆军、重建空军等，积极准备发动侵略战争。

请同学们看这幅 30 年代德国的扩展示意图，注意看图例。30 年代，德国先后吞并奥地利，强占捷克斯洛伐克，不断发动局部侵略战争。世界和平已面临巨大威胁，新的世界大战的欧洲战争策源地形成了。

几乎与此同时，远东的日本也走上了法西斯道路，形成亚洲战争策源地。那么，日本为什么也选择法西斯道路呢？

三、日本为什么选择走法西斯道路？

请同学们运用梳理德国法西斯统治建立的方法，合作探讨日本法西斯统治是如何建立的。

学习提示：日本法西斯专政建立的原因、过程、内外政策及影响。

（学生自主、合作学习，在学生回答的基础上师生共同梳理知识要点。）

1. 日本法西斯专政建立的原因

①世界性经济危机使日本经济受到重创，阶级矛盾十分尖锐；

②统治集团迫切要求强化国家政权，转移国内人民的视线并从对外战争中寻找新的出路。

日本与德国一样，都是在经济危机的打击下，选择了法西斯道路来应对危机。

2. 日本法西斯统治建立的过程

①1931 年 9 月 18 日，发动“九一八”事变，侵略我国东北；

②1936 年 2 月，发动“二二六”兵变，企图建立军事独裁政权；

③1936 年 3 月，广田弘毅上台，加紧推行法西斯专政；

④1937 年 7 月 7 日，挑起卢沟桥事变，发动全面侵华战争。

3. 日本法西斯统治的内外政策和影响。

影响：形成亚洲战争策源地。

这样，在危机之下，德意日都选择了走法西斯道路。

提示学生注意比较德意日法西斯的相似与不同点。

第三部分 练学

梳理知识点，完成以下练习。注意比较德意日法西斯的相似与不同点。

1. （2018 · 江苏无锡）面对 1929—1933 年资本主义世界经济危机，美国实行罗斯福新政。而德国和日本则（　　）

A. 实行高度集中的计划经济体制

B. 发动内战

C. 走上法西斯道路

D. 实行新经济政策

2. （2018 · 四川南充）20 世纪 30 年代，世界大战的欧洲策源地形成的标志是（　　）

A. 意大利法西斯上台

B. 1933 年希特勒上台

C. 日本发动“九一八”事变

D. 日本军部法西斯专政建立

3. 日本法西斯不同于其他法西斯的主要特点是（　　）

A. 对外侵略扩张

B. 对内独裁统治

C. 不断创造政变和兵变

D. 以军部为核心力量

德意日都在危机之下选择了法西斯道路，形成欧亚战争策源地，把世界推向战争的深渊。德国干涉西班牙内战，意大利入侵埃塞俄比亚，日本不断扩大对中国的侵略。日本 1931 年制造“九一八”事变，开始侵略中国。

1937 年 7 月 7 日挑起卢沟桥事变，发动全面侵华战争，制造了南京大屠杀、重庆“五三五四”大轰炸等惨案。日本法西斯的暴行给中华民族造成了永远不能抹去的伤痛。然而，日本并未正视和深刻反省这段侵略历史，还试图修改规定放弃战争权的宪法第 9 条。

面对曾经带来灾难的历史选择，作为后继者应持怎样的姿态？

（生自由发言，不用单独回答）

日本并未正视和深刻反省曾经给世界带来灾难的那段历史。那我们看一下，德国对历史选择的态度。

播放视频：《大国崛起》中《勃兰特之跪》的片段。

选择一个正确的方向固然很难，但更难的是一旦选错了方向，能够反思错误，及时做出更正和补救。

对德国来说，跪下去的是勃兰特的双腿，站起来的是整个德意志民族的精神。

历史潮流奔涌浩荡，有时云诡波谲，暗流涌动。每当此时都将面临选择。选择需要智慧。面对不可避免的危机，怎样的选择才更具智慧？

（学生讨论，启发学生从多个角度思考）

同学们都谈了自己的观点，老师也谈谈自己的观点。我认为，国家道路的选择受制于国际背景、政治环境、历史传统和民族心理等。但无论怎样，只有有益于国家和民族的根本利益，有益于世界和平安定，有益于人类自身发展的选择才是明智的。愿我们都能从今天的学习中受到启发，在人生的十字路口，做出智慧的选择。

第四部分 预学

1. 面对德意日法西斯的侵略扩张，英法美等西方大国采取了什么政策？带来了哪些影响？

2. 什么是“慕尼黑阴谋”？《慕尼黑协定》签订之后，德国又做出了什么选择，对世界产生了怎样的影响？

在《朗读者》视频中结束新课。

董卿："生存还是毁灭？这是一个永恒的选择题。以至于到最后，我们成为什么样的人，可能不在于我们的能力，而在于我们的选择。选择无处不在。"

（重庆市茄子溪中学　孟春容 李福）

第二节　《法西斯国家的侵略扩张》创新学案

教学目标

1. 唯物史观：通过了解"德、日法西斯专政建立的背景和经过"，思考得出经济危机导致政治危机，从而加速了法西斯政权的建立。

2. 家国情怀：通过学习本课内容，在增强爱好和平意识的基础上，有警惕法西斯主义重新抬头的意识，学会从历史的角度认识如何在危机面前学会智慧选择。

3. 史料实证：通过对齐世荣《15 世纪以来世界九强兴衰史》等节选材料的解读，增强史料实证的意识。

教学重点和难点

一、重点

1. 德国、日本法西斯专政的建立。

2. 欧洲、亚洲战争策源地的形成。

二、难点

经济危机与法西斯政权建立的联系。

第一部分　复学

回顾一下上一节课所学的内容，思考

1. 1929 年—1933 年世界经济领域发生了什么大事？其特点是什么？

2. 面对世界性经济危机，美国做出了怎样的选择？其结果如何？

第二部分：辨学

一、意大利为什么会选择法西斯道路？

最早建立法西斯专政的是哪个国家？由于什么原因选择了法西斯道路？

二、德国为什么会选择法西斯道路？

阅读材料并分析。

材料一　从 1929 年到 1932 年，德国煤产量下降了 32.7%，生铁产量下降了 70.3%……到 1932 年 8 月，德国整个工业生产指数下降了 40.6%，下降幅度仅次于美国……农业生产下降了 30%。

——齐世荣、钱乘旦、张宏毅《15 世纪以来世界九强兴衰史》

材料二　经济危机带来的最严重后果是给社会造成了一支庞大的、不稳定的失业队伍，加剧了社会危机……（德国失业人员）最高时达到 800 万人，占全部劳动人口的 43.8%。

——齐世荣、钱乘旦、张宏毅《15 世纪以来世界九强兴衰史》

材料三　1929 年经济危机把德国推向了绝境，魏玛共和国无能为力，国际社会也没有救助。谁能拯救德国，谁就会成为大众拥戴的领导者。

——朱维毅《德意志的另一行泪》

材料四　你们或许要说：希特勒先生，我需要一个工作，一块面包。是的。你的说法很对，生命实在是太重要了。但是我要告诉你们：这世界上还有一种东西比生命更重要，那是自由！那就是尊严！

——阿道夫·希特勒《致民族呼吁书》1932 年

三、日本为什么选择走法西斯道路？

请同学们运用学习德国法西斯统治建立的方法，合作探讨日本法西斯统治是如何建立的。

学习提示：日本法西斯专政建立的原因、过程、内外政策及影响。

（学生自主、合作学习，在学生回答的基础上师生共同梳理知识要点。）

第三部分　练学

梳理知识点，完成以下练习。注意比较德意日法西斯的相似与不同点。

1.（2018·江苏无锡）面对1929—1933年资本主义世界经济危机，美国实行罗斯福新政。而德国和日本则（　　）

A. 实行高度集中的计划经济体制

B. 发动内战

C. 走上法西斯道路

D. 实行新经济政策

2.（2018·四川南充）20世纪30年代，世界大战的欧洲策源地形成的标志是（　　）

A. 意大利法西斯上台

B. 1933年希特勒上台

C. 日本发动“九一八”事变

D. 日本军部法西斯专政建立

3. 日本法西斯不同于其他法西斯的主要特点是（　　）

A. 对外侵略扩张

B. 对内独裁统治

C. 不断创造政变和兵变

D. 以军部为核心力量

第四部分　预学

1. 面对德意日法西斯的侵略扩张，英法美等西方大国采取了什么政策？带来了哪些影响？

2. 什么是“慕尼黑阴谋”？《慕尼黑协定》签订之后，德国又做出了什么选择，对世界产生了怎样的影响？

（重庆市茄子溪中学　孟春容 李福）

第三节　《法西斯国家的侵略扩张》教学反思

初三历史课兼具新课与复习课的特点，也需承担培养学生综合能力的责任，所以“不好上”似乎成为共识。本课课题为《法西斯国家的侵略扩张》。

本课从1929—1933年世界经济危机开谈，从主要资本主义国家如何应对本次经济危机入手，给出本课的主旨：危机下的选择。从而将第八课《罗斯福新政》与本课概括在一起，建立了教材的基本体系。

设计时对教材进行了整合，把重点放在德国法西斯建立上，目的是通过德国的讲解引导对意大利、日本法西斯建立的自主学习。对于初三的学生，自学的能力和意识尤其重要，通过教材整合，教学者的意图嵌入其中，而且是无声的。作为一种现象，法西斯有着深刻的社会根源。弄清孕育法西斯的土壤对于理解德国为何在经济危机的打击下走上法西斯道路有着至关重要的作用。宏观上看，是经济危机引发阶级危机，引发政治危机，从而导致统治危机，从而造成选择危机。当然本课，万不可忽视民族心理在德国国家成长道路选择中推波助澜的作用。作为19世纪末成长起来的从地区走向世界的大国，德国的强国道路在一战中被扼杀，梦被浇灭，而之后帝国主义对其深割痛宰，此等造成日益加剧的民族悲屈。而希特勒及其法西斯党就是有效利用这一特殊民族心理。这样的安排与设计，有助于教育学习者更清楚地认识帝国主义的性质，帝国主义战争的性质，进而痛恨战争，痛恨帝国主义战争。

利用教材，吃透教材，这是考验学生，也是考验老师。作为有效教学的文本，学生学知识的同时，忘记了这些知识大多来自教材，忘记了自己也可以通过阅读教材形成知识。本课设计时也很好地诠释了教材本位，学生主体意识。

在本课教学中，老师一直在传达师生关系是可以互换的，学生同样可以成为老师的老师，老师可以是学生的学生。如在如何认识纳粹给犹太人戴袖标一事上，老师就问学生，这个问题是待解的，老师也没弄清楚，希望同学们能帮助老师。这一设计打破了传统的师生知识传授是单向的这一特点，有助于激发学生的学习欲望，同时也能激发老师的教学设计。在德国法西斯建立的标志这一问题上，如果不细读教材，很难分清，为此，老师站在学生角度，告诉大家，这一问题，老师也不能很确定，请大家帮助老师。

既然是历史课，就要有历史味，论从史出，注重材料的解读是老师坚持的原则。所以，本课犹如做一道证明题，要拿出证据证明重头戏——德国法西斯建立的原因。为此，在资料的选择上下了功夫，先确定了影响德国道路的因素：社会、经济、政治、心理，然后对照找材料。

最后，作为课的结束，老师用表格总结三个国家的法西斯道路建立的特点，用“勃兰特之跪”的视频来升华情感，特别强调危机之下道路的选择。

（重庆市茄子溪中学　李福　孟春容）

第四节 《法西斯国家的侵略扩张》学习反思

学生1：经过本课学习，我认为在面对危机的情况下，审时度势，放眼未来的选择才更具智慧。一定不要为了眼前利益，做出不合常理的选择。因为选择不当将会给国家和民族带来灾难。

学生2：我认为，当面对不可避免的危机，应当多研究历史，从历史当中汲取道路选择的智慧。这些选择应当有利于国家长远发展，有利于民族自身利益，选择时一定不能损人利己。

学生3：在人生当中，有时候不可避免会面对危机，面对这样的场景，最关键的就是进行智慧的选择。那么怎样的选择才算智慧选择呢？我们小组认为，应当保持理性，不要为极端思想左右，应当保持清醒的头脑，不要随波逐流，运用理性判断克服危机。

学生4：我认为，不要狭隘，选择是应当尊重不同文明，共同维护人类社会的发展。

学生5：经过本课学习，我认为：

（1）选择时不能操之过急，特别是决策者更是如此。

（2）越是面对危机，越是要坚持民主决策，选择道路以和平方式为主。

（3）作为决策者不能被民族主义思潮左右，应当以智慧影响民众进行智慧选择。

学生6：我认为，当面对危机的时候，应当关注民众生活，缓和民族情绪。应当运用智慧缓解因危机带来的负面影响，将注意力放在恢复和发展经济上。

（重庆市茄子溪中学　孟春容　李福）

历史之分编二

第一节 《宋元时期的都市和文化》教学设计

教学目标

(1) 说出宋元时期的起止时间，能够在地图上指出宋元时期的主要都市，培养学生的时空观念。

(2) 通过赏析《清明上河图》，了解宋朝大都市的繁华和市民生活的丰富多彩；通过史料研习，知道宋朝就有了春节等传统节日。

(3) 收集宋词名篇、元曲代表作节选并对宋词、元曲的时代特点做出历史解释。

(4) 运用唯物史观分析史料，对宋元时期城市经济和城市文化繁荣的原因做出科学的历史解释。

(5) 运用唯物史观分析城市和人发展的关系，并联系现实对当今的中国城市建设提出建议，引导学生关注现实，培养以史为鉴、古为今用的家国情怀。

教学重点和难点

一、重点

1. 北宋开封、南宋临安和元大都繁华的都市生活。

2. 宋词和元曲的发展情况。

二、难点

1. 都市生活繁华的原因。

2. 宋词和元曲的时代特点。

课型

新课。

教学准备

1. 下载并截取视频：《智慧城市》。
2. 准备练学环节的题目。
3. 制作多媒体课件。

教学方法

讲解法、讲述法、谈话法、启发法、图表法。

教学时间

1 课时。

教具（教学媒体）自制课件。

教学过程

新课导入

教师提问：各位同学，今天很高兴能和大家一起来学习，前面我们已经学习到了宋朝的很多内容，我想请大家说一说，你愿意生活在宋朝吗？历史学家汤因比曾经说过，如果可能他希望自己生活在宋朝。宋朝有什么样的魅力吸引了远在万里的历史学家呢？在中国浩瀚的历史中有人偏爱大汉风骨，有人向往大唐气象，但宋代也有着它独特的城市密码。那里有琳琅满目的美食，有彻夜通明的城市，有层出不穷的娱乐，有方便快捷的各式服务，有丰富精致的物质文化和雅俗共赏的艺术作品。今天就让我们穿过时空的迷雾，走近那城，品味那些人。（出示标题：那年、那城、那些人——宋元时期的都市和文化）

【设计意图】前面的学习已经对宋朝的经济、政治状况有了基本了解。

宋朝经济发展较快，但却出现积贫积弱的局面，提问学生是否愿意生活在宋朝能够帮助学生回忆所学知识，并形成认知冲突，引起学生关注宋朝的城市和文化发展。

新课讲授

【设计意图】按照四步导学法以问题为导向，本课设计为四个部分。复学部分完成对宋元起止时间和时代特征的梳理，复习本单元前面部分知识；辨学部分是对本课重难点知识的突破，同时这也是本课的主体部分；练学部分主要为针对前面辨学知识的当堂复习和巩固；预学部分引出后一课的关键知识，预学问题可以作为下一课的辨学内容。这四大步骤完整涵盖了课前复习、课中突破、练习巩固、预习新知，在初中历史课时间有限、知识容量大的背景下是一种行之有效的历史学习方法。

一、复学：那年

教师讲述：首先，我们从大事年表来看那年所发生的重要的事情，公元960年北宋建立，408年以后元朝灭亡，请大家回答问题，宋元时期的起止时间？（960—1368）接下来我们再来看地图，南宋北宋都要面对少数民族政权，这时候民族政权对峙，到了元朝，实现了统一。现在，请同学们根据我们前面第9课的内容，回答宋在经济上有什么特征呢？（经济不断发展）

教师过渡：通过对前面内容的复学，我们了解了宋元时期的时代特征，那年，从政权对峙到统一强大，在这样的时空背景之下我们将目光聚集到宋元的城市。

【设计意图】复学主要通过对大事年表和地图的分析，加强学生的时空观念同时以通过材料分析时代特征又复习了前课知识。

二、辨学：

（一）那城

【设计意图】辩学分为两部分，第一部分那城以开封城为例讲述了宋元时期城市的发展。

教师讲述：宋元时期的大都市有哪些呢？下面我就以开封为例，走进那城。首先，请大家阅读教材第54页的第一自然段，找出开封城繁华的都市生活表现在哪些方面？当我们走进繁华热闹的开封城，想领略一下城市风光，那么我去哪里最能体会城市的繁华呢？让我们一起在地图上找找看。

教师指导：首先地图题目上的北宋东京城，就是指的开封。地图上的图例能带着我们找到最繁华的商业地区。再结合我们的教材，我们应该去的是大相国寺附近。如果我们想要去购物娱乐应该去哪里呢？（瓦子）它在我们前面提到的《清明上河图》里面就有。购物结束想在瓦子看看表演，应该去哪里？（勾栏）我们再将清明上河图放大，就可以看到这里有一个说书人，周围围了很大一圈人，这就是勾栏了。

教师讲述：刚刚我们只是对开封城匆匆一瞥，下面我们一起来看看开封城发展的更多情况。开封地处平原，地势平坦，缺少城市防御的天险。因此建设了瓮城（展示瓮城图片），瓮城相当于给城市设置一个缓冲地带，当敌人进入瓮城时，可关闭城门，对进入的敌人进行有效的打击。开封城以木质建筑为主，在城内多处设置望火楼提升城市的消防能力，城市排水系统有利于解决城市内涝的问题，开封城市建设处处体现了古人的智慧。商业发展上，我们可以说它怎么样呢？（比较繁荣）对外交流上看，开封城欢迎世界，我们可以说它怎么样呢？（开放）

教师总结：因此，开封那城是智慧之城、繁荣之城、开放之城。《清明上河图》为我们勾画了一座繁荣昌盛的北宋都城开封，而南宋时期的临安，元朝时期的大都也延续了开封的繁华。城市的繁华离不开城市里的人，现在就让我们将目光重新聚焦在城里的那些人。

（二）那些人

【设计意图】城市离不开人，城市的发展就是人的发展。辨学的第二部分就是关注宋元时期人的发展，按其类别又可分为市民和文人。通过对市民和文人活动的讲述完成宋元时期城市生活丰富和文化繁荣的知识讲授。

教师提问：让我们走进宋元时期普通市民的普通生活。请大家来猜一猜这分别是宋元时期市民可以参加的哪些娱乐活动？那如果遇见了节日，生活将更丰富多彩。下面我们一起来连线，将诗句和节日对应。

教师讲述：苏轼、李清照和辛弃疾写下了很多脍炙人口的词，词是什么，我们一起来读一读。词可以唱，那我们就要一起唱唱苏轼的《水调歌头·明月几时有》。

教师过渡：看完了市民们的生活我们再来看看文人又给城市带来了什么？请大家一起来完成表格。正如刚刚这位同学回答的，苏轼的词具有豪迈之风。为什么李清照的词充满了忧患呢？因为她经历了北宋的亡国之疼。辛弃疾有强烈的报国之情，而《窦娥冤》更是深受市民喜欢，满足市民之乐。我们再来看看司马迁的《资治通鉴》，《资治通鉴》这个书名的意思是什么？鉴于往事，有资于治道。即以历史的得失作为借鉴来加强统治。司马迁作为一位杰出的政治家，体现了治世之责。宋元时期的这些文件将时代脉搏和个人经历融入了自己的作品，一方面从不同角度勾勒了城市的发展变化，同时也构成了宋元文人的时代精神。

教师提问：除此之外，宋元的文人雅士们还希望寄情于书画。宋代城市生活既有世俗的一面也有典雅的一面。下面就请大家根据材料并结合所学知识分析宋元时期社会生活丰富多彩的原因有哪些？

师生交流共同完成：第一则材料中经济的跃进就是经济不断地发展，都市的发达主要是都市当中的什么业发达呢？（商业）经济发展、商业的繁荣，为都市生活提供了经济的基础。而知识的普及又提供了文化的基础。材料二中，我们也来找关键词，我们看这种种娱乐是服务于谁的？（市民）市民阶层的壮大，并且他们有着自己的文化需求，这就为城市生活的丰富提供了内在动力。材料三中，提到的以文立国的国策就是前面我们讲到的北宋重文轻武的政策，这提供了政策环境。

教师提问：综合起来，原因有这些方面，请大家思考推动城市发展的根本原因是什么呢？

教师过渡：历史和现实总有着密不可分的联系，城市为人提供生活空间，过去如此、现在如此、将来依然如此，目前我国正在建设的“智慧城市”必将给城市与人的发展带来新的动力。首先我们来看一则视频。智慧城市需要智能技术的支撑，但是更重要的是关注智慧城市中的人。现在请大家进行讨论，从城市和人的关系角度说一说宋元城市发展的原因能给我们今天城市建设什么启示？请你来建言献策。

【设计意图】通过辨学学生对本课知识已经有了初步的理解，历史学习更应关注学生家国情怀的培养，通过设计情景进行讨论，提升本课的立意，引导学生关注城市发展与人的关系，也使学生思考历史与现实的关系，思考历史智慧的现实意义。

通过刚才和大家的讨论，我也想为城市发展提出这样的建议：

发展经济，为人的发展提供物质条件；

推动文化发展，不断满足人的文化需求；

重视人的智慧，让市民参与城市建设；

…………

城市因人而生，城市点亮人生，必须关注人、重视人，城市建设，应以人为本。

最后我想和大家分享几句话，城市之大在于包容的气度，城市之美在于活泼的市民。城是人的家，人是城的魂，这是中国城市发展的千年智慧，也是我们宝贵的历史遗产。

今天我们通过那年、那城、那些人，学习了宋元的时代特征、城市布局、市民生活、节日习俗、文学艺术。

下面我们进行练学，巩固今天所学的知识。

三、练学

1. 河南开封的清明上河园是按照《清明上河图》修建的一处景点，如果你到那里参观，你会感受到哪个时期的历史（　　）

A. 商朝　　B. 唐朝　　C. 北宋　　D. 南宋

2. 宋朝时期，随着城市的繁荣，市民阶层不断壮大，市民文化生活也丰富起来。东京城内出现了许多娱乐兼营商业的场所，称为（　　）

A. 集市　　B. 瓦子　　C. 勾栏　　D. 邸店

3. 我国古代的“瓦舍”，取“来时瓦合，去时瓦解”之间，它的出现反映了（　　）

A. 隋唐科举制的发展　　B. 唐朝民族关系和谐

C. 宋代市民文化丰富　　　　　D. 明清工商业的繁荣

4. 宋朝最主要的文学形式是（　　）

A. 赋　　　B. 诗　　　C. 词　　　D. 曲

5. 读其词“使人登高望远，举首高歌，超然于尘垢之外”，开创了豪迈词风，对词的发展有突出贡献的词人是（　　）

A. 苏轼　　　B. 辛弃疾　　　C. 柳永　　　D. 马致远

6. 元朝最优秀的剧作家是（　　）

A. 孔尚任　　　B. 王实甫　　　C. 关汉卿　　　D. 汤显祖

【设计意图】通过习题在课堂实现对本课知识的巩固。

教师过渡：城市的繁荣、文化的发展离得开技术的发展吗？请同学们根据预学内容，了解宋元时期的科技与中外交通。

四、预学

【设计意图】指导学生预习下节课内容，养成良好的学习习惯。

问题1：简述印刷术的进化史，它产生了什么影响？

问题2：指南针在宋代有重大突破，这种突破发生的原因是什么，产生了什么影响？

问题3：简述火药的进化史，分析火药在宋元时期广泛应用的原因，以及它对世界的影响？

问题4：发达的中外交通对经济、文化和科技交流的影响？

（重庆市茄子溪中学　范玉骄）

第二节 《宋元时期的都市和文化》创新学案

【学习目标】知道宋元时期商业贸易的繁荣；了解宋元时期的都市生活和宋词、元曲的流行。

【重点难点】

重点：宋朝城市娱乐活动；宋词和元曲。

难点：培养学生的审美鉴赏能力。

【学习过程】

【复学】

1. 根据大事年表，找出宋元时期的起止时间？

10 世纪初	耶律阿保机建立契丹国
960 年	北宋建立
11 世纪中期	毕昇发明活字印刷术
1115 年	完颜阿骨打建立金朝
1125 年	金灭辽
1127 年	金灭北宋，南宋建立
1206 年	成吉思汗建立蒙古政权
1271 年	忽必烈改国号为元年
1276 年	元灭南宋
1368 年	元朝灭亡

2. 结合材料和已学知识思考，宋元时期的时代特征是什么（从政治、经济的角度考虑）？

【辨学】

1. 学习活动一：繁华的都市生活

问题 1：根据教材第 54 页的第一自然段，说一说开封城繁华的都市生活表现在哪些方面？

2. 学习活动二：宋词和元曲

问题 2：宋元时期的文人为城市生活带来了哪些新气象？（阅读教材提取相关信息完成下表的填空）

类别	人物	代表作	作品特点	成就
文学家	苏轼	《水调歌头·明月几时有》	把写景、抒情和议论结合在一起	改进了词的创作，扩大了词的境界，提高了的格调
	李清照	《声声慢·寻寻觅觅》	委婉、细腻、清秀，北宋灭亡前真挚的夫妇感情，灭亡后充满血泪	反映当时________带来的灾难，抒写深沉的________情怀
	辛弃疾	《破阵子·醉里挑灯看剑》	继承了苏轼以来的豪放词风和______情怀	进一步提高了词的社会功能和在文学史上的地位
剧作家	关汉卿			元曲四大家：关汉卿、马致远、郑光祖、白朴
史学家	司马光		是一部________体史书，以历史的得失作为鉴戒来加强统治	中国史学的不朽巨著，被后人称为______________

3. 学习活动三

问题3：根据材料分析宋元时期社会生活丰富多彩的主要原因有哪些？

材料一：中国宋代实现了社会经济的跃进，都市的发达，知识的普及，……宋代是十足的“东方的文艺复兴时代”。

——宫崎市定《东洋近代史》

材料二：发达的酒楼茶坊、繁华的夜市、热闹的瓦舍勾栏，不是贵者的“私享”会所，而是服务于广大市民的大众场所。

——吴钩《宋：现代的拂晓时辰》

材料三：（北宋）采取了以文立国的国策，实行文人统治。……知识分子政治上有理想、文化上有创新……为宋朝的迅速发展提供了有力的保证。

——郭军宁《变革成就了宋朝繁华》

4. 学习活动四

问题4：从城市和人的关系角度说一说宋元城市发展的原因能给我们今天城市建设什么启示？

【预学】

问题1：简述印刷术的进化史，它产生了什么影响？

问题2：指南针在宋代有重大突破，这种突破发生的原因是什么，产生了什么影响？

问题3：简述火药的进化史，分析火药在宋元时期广泛应用的原因，以及它对世界的影响？

问题4：发达的中外交通对经济、文化和科技交流的影响？

（重庆市茄子溪中学　范玉骄）

第三节　《宋元时期的都市和文化》教学反思

一、备课中的反思

备课是上课的第一步，没有充分备课就无法完成一节课的基本任务。在本次的备课过程中我感受到自己在专业知识上的准备不足。宋元时期是中国古代历史中的一个重要时期，中外史学界对其进行了大量的研究，政治方面宋朝的文治被很多历史学家赞赏；经济方面宋朝发生了商业革命；文化方面市民文化的崛起构成了宋元时期活泼、丰富的社会生活。

二、教学设计上的反思

在搜集了关于宋元一部分资料后，对于本课的“立意”我确定为城市的建设应该以人为本。但是在“立意”确定后，对于怎样达到这一“立意”缺乏明确而清晰的梳理。导致在教学设计上，本课的三个部分有所割裂，三个部分的内容没有实现有机的结合。同时由于前面的铺垫不够，在后面的结论得出阶段学生无法完成结论。在细节上，宋元丰富的城市生活也缺乏细节的设计，导致学生的体验性差，宋元的文学成就没有将文学家的作品给予鉴赏，使得学生难以感受到本课的文史之美。

三、课堂技巧上的反思

教学设计的体现还要依托课堂的表现，在课堂上应该关注学生的需求，对学生的疑问要做出正向的回答，怎样来实现和学生更有效的沟通，怎样来处理课堂中生成性问题，怎样来做到有效地引导学生主动学习，怎样处理课堂的趣味性和思想性，这些都值得我再深入地学习。总体说来，我认为只有站在学生的角度，以学生的思维来进行思考才能真正地让学生成为学习的主人。

（重庆市茄子溪中学　范玉骄）

第四节　《宋元时期的都市和文化》学习反思

互为师大课堂的一个重要方面和内容是学生参与教学研讨，在《宋元时期的都市生活和文化》课堂教学结束后，本次听课的初一年级一班全体学生、各位教师及专家一起对本课的课堂教学及学生学习情况进行研讨。学生谈起了本课的收获以及疑虑，总结如下。

对于互为师的课堂形式学生持肯定态度。在本次研讨过程中有五名同学发言，五名同学对于这样的课堂形式均表示能够接受，复学、辨学、练学、预习四个环节和一系列问题能够引发思考也易于掌握知识。

希望进一步扩展知识面。发言同学提到了辨学问题不光是要注重史学知识的落实，更应该注意扩展知识面。这位同学在发言的过程中提到了本课中有很多的宋词和元曲，宋词和元曲都是中国优秀的传统文化，在以前的语文学习中学到了它们，大家对这部分内容很好奇也愿意听，但遗憾的是老师很快就讲过去了。既然老师在课堂里教大家吟唱宋词，那么可以更进一步选择一些名篇来和大家一起欣赏并介绍历史背景。

照顾班级各层次学生。学生在发言时提到，班级的同学在理解能力和知识基础上存在着较大差异，大家对本课内容的掌握程度也有差异，如果在选择题目时能够照顾不同层次的学生，同学们将更有收获。

本次学生参与研讨时间大约为 30 分钟，作为互为师课堂在本校的第一次尝试，还有很多地方值得我们探索。

首先是讨论的时效性。本课的研讨作为一种实验可以用 30 分钟进行，但是互为师课堂要常态化就必须配合学校的课程安排，究竟是在学生一天课程完成后还是利用课间十分钟时间进行反馈，这是一个值得进一步探索、实践、反思的方面。

其次是评价的呈现形式。学生参与教研、提出问题、表达看法肯定值得鼓励，并且符合今天课程改革深化的需要，但是仅仅停留在讨论阶段还不够，还可以将这些学生评价量化和可视化。从量化上讲，可以对教师的课堂采取评星，星值体现出学生对课堂的整体评价和认可度，如果需要更细化的学生评价就需要配合调查表；从可视化上讲，学生的评价应该可以用图示进行表达，如果是已经运用调查表就需要将调查结果以图示表达。只有将学生的评价量化和可视化后，学生的评价才能更有针对性，同时才能发挥学生参与教研对教师专业发展的作用。

互为师大课堂作为深化课改的一种尝试和努力方向，还需要教师、学生不断地探索，在实践的过程中我们勤于思考，偶有发现。这本身就体现了教师的专业成长，未来，互为师课堂将有更大的空间实现教研与教学的双向发展。

（重应市茄子溪中心　范玉骄）

历史之分编三

第一节 《外交事业的发展》教学设计

教学目标

1. 知道中国20世纪70年代以后重要外交历史事件的时间，简单了解美国、苏联等大国与中国在地缘政治上的联系，培养学生的时空观念。

2. 通过图片、文字、影像等史料让学生了解中国外交的历史，并通过分析得出相关的历史背景，培养学生史料实证的能力。

3. 通过史料和课堂授课，让学生领会外交中的智慧，并对影响外交的因素和中国外交的成就与影响做出历史解释。

4. 运用唯物史观分析新时期下中国外交所面临的国际环境、引导学生关注当今现实、培养学生以史为鉴、构建人类命运共同体的家国情怀。

教学重点和难点

一、重点

1. 中国20世纪70年代所取得的外交突破。

2. 新时期中国外交的特点和影响。

二、难点

1. 中美建交的原因。

2. 中美关系缓和在20世纪70年代中国外交关系中的作用。

课型

新课。

教学准备

1. 下载视频：《乒乓外交》《尼克松访华》。

2. 准备复习和预习的题目。

3. 制作课件。

教学方法

讲述法、讲解法、图表法、课堂探讨法。

教学时间

1 课时。

教具（教学媒体）

自制课件。

教学过程

导入：

师：新中国成立至今已经 70 年，其间遇到了许多的困局，在中国人民的智慧和努力下，这些困局被一一突破，本节课就让我们看看在那个时期中国是如何突破外交上的困局的并在新时期国际舞台上发挥着越来越重要的作用。

第一步　复学

上课前，先请同学们根据下面三道题一起回顾一下上节课所学习的内容。

1. 新中国成立后，奉行 ____________外交政策。

2. 1953 年年底，周恩来在会见印度代表团时提出______________原则。

3. 1955 年，周恩来率领中国代表团参加印尼万隆的 __________，提出______________的方针。

本节课分为三个主要的部分来讲述：困局、破局、新局。首先我们进入

第一个部分——困局。

第二步　辨学

师：通过刚才的“复学”，看出大家“预学”的效果非常好。那么接下来我们将进入“辨学”环节。

（一）困局

新中国成立初期，世界强国美国对中国奉行着孤立和遏制的外交政策，并且操纵联合国拒绝恢复中国在联合国中的合法席位，这使得五六十年代的中国外交举步维艰，但到了70年代初期，中美关系却突然发生了重大的转折，这一切究竟是怎么一回事？当时的国际局势究竟暗藏着哪些变化呢？

师：新中国成立初期，苏联曾是中国在外交上的一个后盾，随着中苏关系的恶化，中国面临着和苏美两个超级大国以及他们身后的社会主义阵营和资本主义阵营同时对立的局面，此情况如果得不到改变，中国就有被整个国际社会孤立和排斥的危险。中国犹如一头身陷囹圄的野兽，做着困兽之斗，而此时的美国也有着自己的困局。

材料一：在美苏军备竞赛中，苏联已从战略防御转入战略进攻……美国在越南战场陷入进退维谷的困境，国际地位下降，在对中国的敌对、孤立和封锁中付出了高昂的代价。

——［美］亨利·基辛格：《白宫岁月》第一册，3页

师：从上面材料中，我们可以看出，60年代末70年代初美国面临着哪些困局呢？

生：苏联从防守转为进攻（或者美国从进攻转为防守）、美国受累于越南战争、孤立封锁中国代价高昂。

师：很好，我们可以从上面的材料中分析得出，当时的中美两国都面临着困局，对立的两个大国在此情况下是否能够找到共同的利益呢？

生：可以，对苏关系。

因此为了国家利益，两国不约而同地把视线都看向了对方。从这里我们可以得出，影响一国外交政策的根本因素是什么呢？

生：国家利益。

师：是的，影响外交的根本因素是国家利益，中美都有改善外交关系的需求，但是长期的猜疑使两国很难一下子信任对方，中美关系的改善还需要一些时机。面对困局，中美只能等待吗？

材料二：1970 年 12 月 13 日，毛泽东邀请斯诺来中海住处谈话和吃早饭，同斯诺进行了长时间的畅谈，一直谈到中午。

材料三：1970 年 10 月，尼克松在接受《时代》周刊的采访时说："如果我死之前有什么事情可做的话，那就是到中国去。如果我去不了，我要我的孩子们去。"

师：从材料中我们看到了，中美高层都在释放着友好的信号，这给我们什么启示呢？

生：可以说外交需要审时度势，或者外交领域需要大胆心细，积极争取。

师：（总结）同学们说得很好，在外交领域既要有原则性同时也要有灵活性。在外交中要讲究策略和智慧，当时隔空喊话的中美两国能否更进一步，进行面对面的接触呢？我们一起继续来看。

中美两国关系发生转折已经是必然的事情，但是鉴于当时的两国所面临的国际和国内形势，双发都保持着谨慎的态度。一张 1971 年 4 月的美国时代周刊的封面具有深刻意义，封面上的照片是美国乒乓球队在长城的合影，而这张照片的背后则是中美关系史上著名的"乒乓外交"。(播放乒乓外交视频)

小球带动大球，就像视频中周恩来总理所说："乒乓外交打开了中美两国友好往来的大门。"后来，尼克松在回忆录中提道："我从未料到对中国的主动行动，会以乒乓球队访问的形式求得实现。"乒乓外交再次显示了中国在处理外交上的灵活和策略。

乒乓外交的成功为中国外交突破困局打下了基础。请看本节课第二部分——破局。

（二）破局

1. 破局一

师：1971 年 7 月，一架巴基斯坦的飞机降落在北京，而从飞机上下来的则是美国总统国家安全事务助理基辛格，请大家看教材，基辛格秘密访华取得了什么成果？

生：为美国总统尼克松访华铺平了道路。

师：基辛格秘密访华是中美两国在49年后首次高层的直接会面。这成了中国外交破局的第一步。

1971年10月，基辛格第二次访问中国，此次访问是公开访问，在离开中国前，外交部副部长乔冠华和他有了以下对话：

> 乔冠华问基辛格："博士，你看今年这届联大我国能恢复席位吗？我得到消息，现在这个时候联大正在对恢复中国席位提案进行表决。"
>
> 基辛格："我估计你们今年还进不了联大，明年还差不多。待尼克松总统访华以后，你们就能进去了。"
>
> 乔冠华："我看不见得吧？"
>
> ——李菁：《中美建交亲历记》，第91页

师：从以上对话中，我们可以看出，中国外交破局的下一步是什么？

生：重返联合国。

2. 破局二

师：中国是联合国的创始国之一，新中国成立后，周恩来外长致电联合国，要求恢复中华人民共和国在联合国的合法权利。但由于美国的阻挠，联合国的席位一直被台湾当局所霸占，即便在中美关系缓和的70年代初，美国仍旧抛出所谓的"双重代表权"以阻挠中国。通过刚才的对话，我们思考一下，中国在当时是否有着信心突破美国的阻挠，恢复联合国的合法席位？

生：有。

师：那么这种自信从何而来呢？请大家根据以往所学知识来回答。

生：发展中国家的支持，国际地位的提高。

师：1971年10月25日，第26届联合国大会以压倒性优势通过了决议，恢复了中国在联合国的合法席位。这张照片记录了当时中方代表充满自豪与愉悦的笑容。

师：中国重返联合国开启了中国外交的崭新时代，更进一步推动了中美

两国关系的缓和。这预示着中国外交又将迎来新的突破。

3. 破局三

师：1972 年 2 月下旬，一个跨越了太平洋的握手在北京上演。请大家看视频。

《中美联合公报》的发表，打开了中美两国关系正常化的大门。1978 年 12 月，经过中美两国 6 年的博弈与谈判，两国终于发表了《中美建交公报》，宣布于 1979 年 1 月 1 日正式建交。

在这 6 年中，中美两国究竟因为什么在进行着博弈呢？这就是中国最为敏感的核心利益——台湾问题。大家请看《联合公报》和《建交公报》中有关台湾问题的描述，二者有何不同？

师：《建交公报》对台湾问题描述更加的完整和准确。这体现出在原则性问题上不能妥协。通过学习我们可以得出在外交工作中要在坚持原则的基础上讲究灵活性，维护国家的利益，这就是历史告诉我们的外交中的智慧。

随着中美建交，经历了 30 年的对立、缓和及博弈的两国终于迎来了两国关系的新篇章。

在中美关系正常化的过程中，中国也迎来第三次建交高潮。1971 年与中国建交的国家有 15 个，1972 年达到了 18 个。其中 1972 年中日邦交正常化成了中国 70 年代外交的另一个突破。

4. 破局四

条件：中美关系的缓和直接推动了中日两国关系的改善。

过程：1972 年 9 月，日本首相田中角荣访华，签署《中日联合声明》，实现了中日邦交正常化，并与中华人民共和国建交。

通过学习，我们可以看到 70 年代，中国的外交有四个主要的破局，这四个破局中最关键的因素是什么呢？

生：中美关系的缓和。

师：那么，70 年代在中美关系缓和的基础上所实现的中国外交破冰产生了怎样的影响？

（思考回答）

师（总结）国际地位的提高，推动了世界的和平。

（三）新局

师：随着70年代中国外交关系的突破，中国在国际舞台上扮演着越来越重要的角色，那么在新时期中国外交又有哪些发展呢？请大家根据课本87页“全方位外交”相关内容完成下列表格。

（学生按教材内容填写表格）

是的，当今中国已经成为国际事务中不可或缺的一环，但是在新世纪新形势下，中国的对外关系依然面临着很多挑战，面对当今纷繁复杂的国际局势，中国的外交何去何从呢？请大家结合所学的知识为中国的外交献言建策。

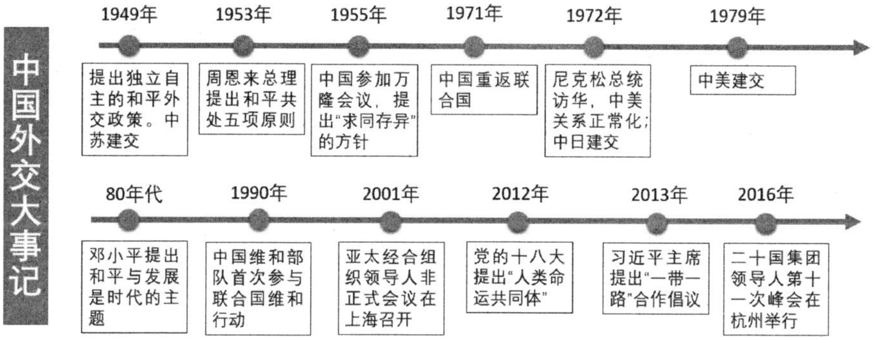

（学生讨论回答）

师：七十年的风雨兼程，中国在世界的外交舞台上站稳了自己的脚跟。当今的国际社会是一个你中有我，我中有你的“人类命运共同体”，面对复杂的国际形势和国际问题，没有一个国家能够独善其身，雨果曾经说过“世界上最宽阔的是海洋，比海洋更宽阔的是天空，比天空更宽阔的是人的心灵”，当中国与其他各国都能以宽广的胸襟接纳对方，就能够建立起一个不冲突不对抗、相互尊重、合作共赢的新型国际关系，只有这样人类命运共同体这艘大船才能乘风破浪，平稳前进。

第三步　练学

师：通过今天这节课的学习，我们了解了中国70年代以来外交的发展，现在我们通过几道题来巩固今天的知识。

1. 中华人民共和国恢复联合国合法席位是哪一年？（　　）

A. 1949 年　　B. 1971 年　　C. 1978 年　　D. 1997 年

2. 1971 年 7 月，（　　）秘密访问中国。

A. 尼克松　　B. 田中角荣　　C. 基辛格　　D. 赫鲁晓夫

3. 当今，中国在对外关系中积极参与全球治理体系改革和建设，推动构建（　　）

A. 全球化市场　　B. 多极化格局

C. 世界霸权主义　　D. 人类命运共同体

第四步　预学

师：新中国成立以来外交事业的不断发展和国际地位的不断提高，得益于中国审时度势的外交智慧，更来源于中国不断增长的综合国力，科技文化则是综合国力的最直接表现。新中国成立以来，中国在科技文化上取得了哪些成就呢？下列三人（钱学森、袁隆平、杨利伟）为中国科技文化的发展做出了哪些贡献呢？请大家预习下一课《科技文化成就》。

师：下课。

板书设计：

外交困局：1. 中苏关系恶化，中国面临被孤立危险。

2. 美苏争霸，美守苏攻。

外交破局：1. 重返联合国。

2. 中美建交。

3. 中日关系正常化。

全方位外交：1. 推动构建人类命运共同体。

2. 举办“一带一路”高峰论坛。

（重庆市茄子溪中学　黄强）

第二节　《外交事业的发展》创新学案

学习目标

了解中国恢复在联合国合法席位和中美建交等史实，知道中国独立自主的和平外交政策。

重难点

1. 重点

（1）中国70年代所取得的外交突破。

（2）新时期中国外交的特点和影响。

2. 难点

（1）中美建交的原因。

（2）中美关系缓和在70年代中国外交关系中的作用。

学习过程

【复学】

1. 新中国成立后，奉行的外交政策。

2. 1953年年底，周恩来在会见印度代表团时提出的原则。

3. 1955年，周恩来率领中国代表团参加印尼万隆会议提出的方针。

【辨学】

一、困局

1. 材料一

在美苏军备竞赛中，苏联已从战略防御转入战略进攻……美国在越南战场陷入进退维谷的困境，国际地位下降，在对中国的敌对、孤立和封锁中付出了高昂的代价。

——［美］亨利·基辛格：《白宫岁月》第一册，3页材料反映出美国面临着哪些的困局？

2.

材料二：1970 年 12 月 13 日，毛泽东邀请斯诺来中南海住处谈话和吃早饭，同斯诺进行了长时间的畅谈，一直谈到中午。

材料三：

1970 年 10 月，尼克松在接受《时代》周刊的采访时说："如果我死之前有什么事情可做的话，那就是到中国去。如果我去不了，我要我的孩子们去。"

从以上材料可以看出中美高层都在释放着友好的信号，这给我们什么启示呢？

二、破局

1. 根据所学知识，思考中国冲破美国的阻挠恢复联合国合法席位的信心从何而来？

2. 在中美关系缓和的基础上所实现的中国外交破冰产生了怎样的影响？

三、新局

全方位外交	
外交政策	
外交原则	
全球伙伴关系	
外交布局	
影响	

在当今纷繁复杂的国际局势面前，中国的外交何去何从？请你结合课本

所学知识，为中国的外交建言献策。（小组讨论）

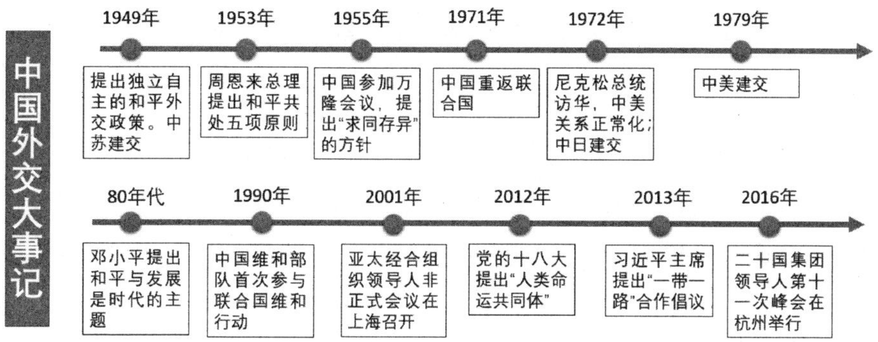

【练学】

1. 中华人民共和国恢复联合国合法席位是在哪一年？（　　）

A. 1949 年　　B. 1971 年　　C. 1978 年　　D. 1997 年

2. 1971 年 7 月，（　　）秘密访问中国。

A. 尼克松　　B. 田中角荣　　C. 基辛格　　D. 赫鲁晓夫

3. 当今，中国在对外关系上积极参与全球治理体系改革和建设，推动构建（　　）

A. 全球化市场　　B. 多极化格局

C. 世界霸权主义　　D. 人类命运共同体

【预学】

1. 新中国成立以来，中国在科技文化上取得了哪些成就呢？

2. 钱学森、袁隆平、杨利伟三人为中国科技文化的发展做了哪些贡献呢？

（重庆市茄子溪中学　黄强）

第三节 《外交事业的发展》教学反思

《外交事业的发展》是初中历史统编教材八年级下册第五单元第17课的内容。本单元讲述的是新中国成立以来国防事业和外交事业的发展。《外交事业的发展》是本单元最后一节课，主要介绍了70年代以来，中国外交所取得的突破，以及改革开放后中国在外交上所取得的新成就。

初二的学生经过了一年的历史学习，已经初步具备了对历史材料的分析和判断的能力。本堂课我以历史学科核心素养为依托，以中美关系构建一条主线，将中国70年代以来外交关系的突破以及新时期中国外交的成就串联起来，让学生理解外交的智慧，感悟“人类命运共同体”的深刻内涵。

一、“四学系问”，构建课堂架构

本节课，我以互为师大课堂“四学系问”的模式展开教学，既将课堂教学分为复学、辩学、练学、预学四个环节，每个环节环环相扣。复学是课堂开篇，让学生复习前面一节课的知识，并为本节课知识做好铺垫；辨学是本节课的核心环节，是对重难点进行讲授的过程，课堂中，我以史实材料为问题导向，让学生通过问题分析材料，掌握历史材料最基本的分析方法，在熟悉课本主干知识的同时，感受中国外交的魅力，并根据课堂所学历史知识充分认识“人类命运共同体”的内涵；练学是巩固本课主要知识的课堂练习；复学是为下课做准备，以问题的形式引导学生去预习。

二、师生互动，相互成长

互为师大课堂的一大亮点就是学生和学生之间的学习、学生和老师之间的学习，将课堂从知识的单向流动变为师生间的双向互动，学生和教师都能在课堂中获得成长，得到收获。历史学科的复学不仅仅是复习上节课的知识，还由于历史具有连续性的特征，因此一个事物的果可能成为后面事物的因，复学目的是让学生更好地理解本课内容。辨学充分体现了互为师大课堂的精髓，独立思考、小组讨论、师生探讨，多种多样的学习方式充分让学生成为学习的主体，教师成为课堂的主导，在互动中双方共同成长。

三、练预结合，及时反思

课后练习所体现的是本节课的重要知识点，根据初中历史的要求和初中生特点，在课后练习中并未使用怪、难、偏的题型，依然以基础为主，同时题目设置突出本课重点。预习部分以问题形式为导向，由于本节课是本单元的最后一课，因此在授课过程中点明了本单元和下一个单元之间的关系，以此强调历史的逻辑性。

当然，本节课还有诸多不足的地方，例如，语言不够精练、感情还不够到位、在一些问题分析上有些操之过急，引导不够等。但是通过此次的上课，学生也给了我很多的启发，例如，如何和不同层次的学生沟通、学生对于历史学科的兴趣点在哪里、初中学生是如何看待一个事件的等。

（重庆市茄子溪中学　黄强）

第四节　《外交事业的发展》学习反思

今天我们在黄老师的带领下学习了中国历史《外交关系的发展》这一课，通过学习我更加了解了70年代中国外交所取得的成就，以及新时期中国外交的辉煌成果。

在上新课之前，老师通过复学环节让我们重温了上节课的内容，复学中的几道题是对上一节课知识点的复习，在上课的过程中我更加了解了上节课和本节课内容之间的联系，这让我更加清楚了课与课之间的关联。

第二个环节是辨学，在这个环节里，老师通过中美两国关系的发展为我们构建了这节课的一个大体框架，使我们更加深入地了解到了中国在70年代以后外交关系变化的过程以及历史发展中所蕴含的智慧。课堂不仅用一幅幅历史图片和文字资料为我们构建了一个完整的历史脉络，更是让我们了解了历史发展的细节和魅力。在这个环节我们根据课本思考，与同学们讨论，和老师一起探究，这种学习方式不仅高效，更是拉近了我们和历史之间的距离，历史不再是冷冰冰的文字，而是鲜活地出现在了我们的周围。

最后两个环节是练学和预学。练学环节根据老师出的几道题我们回顾了本节课重要的知识点，而预学环节是将本单元内容和下一单元进行联系。

通过学习我感受到了历史的魅力。历史发展有着自己的规律，同时也有着无尽的智慧，学习历史是为现实服务，历史不是高高在上的空中楼阁，而是实实在在发生在我们周边的事情。同时通过本堂课，我也学会了如何学习好一节课，复习和预习这两个被我忽视的环节在今后的学习中我会更加重视。

（重庆市茄子溪中学　初二1班 陈诗雨）

第 7 编

“互为师大课堂”之地理应用

第一节 《“鱼米之乡”长江三角洲地区》教学设计

教学目标

1. 读图分析与应用

读图，分析长江三角洲地区的位置、范围、地形、气候等自然环境。

分析长江三角洲地区被称为“鱼米之乡”的原因。

长江三角洲地理位置的优越性体现在哪里？

学会分析河流对区域发展的影响。

2. 思维拓展与延伸

通过读图分析、资料分析，了解长江三角洲江海交汇的地理位置及优越性。

3. 客观评价分析

学会如何评价一个地区地理位置的重要性。

教学重点和难点

一、重点

评价长江三角洲地理位置的优越性。

分析河流对区域发展的影响。

二、难点

分析河流对区域发展的影响。

课型

新课。

教学准备

1. 学生自主学习创新学案。
2. 视频资料。
3. 制作多媒体课件。

教学方法

读图分析、小组合作探究法。

教学时间

1 课时。

教具（教学媒体）

自制课件。

教学过程

导入：

同学们，自古人们就用“上有天堂，下有苏杭”赞美长江三角洲地区，今天我们就一起来走进长江三角洲地区。

第一部分　复学

昨天已经学习了南方地区的自然特征与农业，现在我们来进行今天的

“复学”，抢答!

南方地区主要包括哪些地形区?

2. 南方地区的气候、河流、土壤有何特征?

3. 南方地区的自然环境对人民生产生活有哪些影响?

第二部分　辨学

师：通过刚才的“复学”，看出大家上节课的知识掌握得非常好。那么接下来我们将进入“辨学”环节。

【拓展延伸】长江三角洲的形成

长江三角洲是长江携带大量的泥沙进入河口区沉积发育形成的。大约7000多年前，长江的入海口在现在的江苏扬州附近，随后大量的长江河流输出泥沙进入河口区，并因为入海，河道加宽，水流扩散，河水不再能够携带泥沙而发生沉积。沉积的泥沙形成现在长兴岛、横沙岛这样的岛屿心滩，并随着水流受科氏力的作用，河道逐步南偏。心岛心滩逐步背靠，最后与陆地合并，河道则不断南转，逐步堆积形成现在这样的长江河道不断南偏的陆地格局。据研究，7000余年以来，长江三角洲经历了6期这样的心滩岛屿北偏靠陆的发育过程。

（一）江海交汇之地

1. 位置

从图中找出：长江、黄海、东海。

描述长江三角洲的地理位置。（位于长江中下游平原上，位于长江的下游地区，濒临黄海和东海，地处江海交汇之地）

2. 范围

从图中找出：江苏省、浙江省、上海市、南京市、杭州市。

描述长江三角洲包括的范围。（包括上海市、江苏省南部和浙江省北部）

3. 地形、地势

看看本区地形以什么为主?（平原）

4. 气候

本区属于什么气候?（温暖湿润的亚热带季风气候）

思考：长江三角洲为何被称为“鱼米之乡”?（地形以平原为主，气候温暖湿润，土壤肥沃，是我国传统的粮食产区；河网密布，湖泊众多，又是我国的淡水鱼产区。）

5. 地理位置优越

长江三角洲位于江海交汇之地，“江”和“海”分别指什么?（长江；黄海和东海）地理位置重要。

读下列资料，说一说长江三角洲地理位置的优越性体现在哪里?

（1）对内联系：位于长江下游，濒临黄海和东海，地处江海交汇之地，沿江沿海港口众多。这里依托长江干支流发达的水运，可以联系广大的内陆地区。

【拓展延伸】京杭运河

长江三角洲地区水网稠密，自古水运发达。京杭运河是一条重要的水路，历史上不仅沟通了长江三角洲地区与北方地区的经济联系，而且促进了扬州、苏州、杭州等沿岸城市的发展。现在，长江三角洲地区的京杭运河段运输依然繁忙。

（2）对外联系：长江三角洲地区是我国南北海上航运的中枢，并通过远洋航线通往世界的主要港口。

活动：以长江三角洲地区和成都平原为例，认识河流对区域发展的影响。

1. 长江三角洲位于长江的下游地区。以长江三角洲地区为例，补充并归纳河流对区域发展的影响。

河流为长江三角洲地区提供灌溉水源，有利于农业的发展。

河流为长江三角洲地区提供便利的水路交通，有利于其对外联系。

河流为长江三角洲地区提供丰富的工业用水，有利于工业的发展。

河流为长江三角洲塑造了优美的自然风光，有利于旅游业的发展。

这些是有利影响。

那么，长江三角位于长江的下游地区，对这些地区有哪些弊端呢？

河流在丰水期容易泛滥成灾，对长江三角洲地区的农业生产、居民生活和生命财产造成威胁和破坏。

【拓展延伸】

视频：都江堰原理

2. 成都平原位于长江的上游地区，阅读教材 52 页的资料，并结合下图，认识岷江对成都平原发展的影响。

（1）说说岷江对成都平原农业发展的利和弊。（岷江能够为成都平原提供灌溉水源，也可能引发洪涝灾害。）

（2）说说都江堰对成都平原农业发展的作用。（都江堰有效地控制了岷江进入成都平原的水量，既能够提供发展农业的灌溉水源，还可以减轻洪涝灾害的威胁。）

【课堂小结】

我们学了什么？被称为“鱼米之乡”的长江三角洲的位置和范围等自然环境；长江三角洲地理位置的重要性有哪些？

第三部分　练学

1. 长江三角洲是驰名中外的（　　）

A. 温带水果之乡　　B. 鱼米之乡

C. 亚热带动物王国　　D. 革命旅游胜地

2. 长江三角洲地区地形的特征是（　　）

A. 地表支离破碎，沟壑纵横

B. 地面平坦广阔，一望无际

C. 地势低平，湖泊河网密集

D. 地形以丘陵为主，平均海拔 50 米以下

3. 长江三角洲地区属于（　　）

A. 热带季风气候　　B. 亚热带季风气候

C. 温带季风气候　　D. 温带海洋性气候

4. 长江三角洲地区民居墙体高、房顶坡度大是为了（　　）

A. 通风防潮、利干排水

B. 便于拆迁，适合游牧生活

C. 防寒保温

D. 房顶坡度大是为了防止冬天积雪过多

5. 我国长江以南地区与阿拉伯半岛纬度大致相同，阿拉伯半岛水资源匮乏，而我国江南是“鱼米之乡”是因为（　　）

A. 地形因素　　B. 海陆位置

C. 洋流影响　　D. 纬度位置

第四部分　预学

板书设计：

“鱼米之乡”——长江三角洲地区

(第 1 课时)

(一) 江海交汇之地

位置
范围地理位置优越 }——→河流对区域发展的影响
地形、气候

(重庆市石柱中学校　李小兰)

第二节 《“鱼米之乡”长江三角洲地区》创新学案

学习目标

1. 读图分析与应用

读图，分析长江三角洲地区的位置、范围、地形、气候等自然环境。

分析长江三角洲地区被称为“鱼米之乡”的原因。

长江三角洲地理位置的优越性体现在哪里？

学会分析河流对区域发展的影响。

2. 思维拓展与延伸

通过读图分析、资料分析，了解长江三角洲的江海交汇的地理位置及优越性。

3. 客观评价分析

学会如何评价一个地区地理位置的重要性。

第一部分　复学

1. 南方地区主要包括哪些地形区？

______

______

2. 南方地区的气候、河流、土壤有何特征？

______

______

3. 南方地区的自然环境对人民的生产生活有哪些影响？

______

______

第二部分　辨学

一、独立完成

1. 描述长江三角洲地区的位置和范围。

______

2. 分析长江三角洲地区的地形和气候特征。

______

3. 分析长江三角洲地区的位置优越性。

______

4. 合作讨论学习河流对区域发展的影响。

____

二、小组探究

1. 以长江三角洲地区为例，补充并归纳河流对区域发展的影响。

____

____

2. 成都平原位于长江的上游地区。请结合课本资料，小组讨论岷江对成都平原发展的影响。

（1）说说岷江对成都平原农业发展的利和弊。

（2）说说都江堰对成都平原农业发展的作用。

____

____

第三部分　练学

1. 长江三角洲是驰名中外的（　　）

A. 温带水果之乡　　B. 鱼米之乡

C. 亚热带动物王国　　D. 革命旅游胜地

2. 长江三角洲地区地形的特征是（　　）

A. 地表支离破碎，沟壑纵横

B. 地面平坦广阔，一望无际

C. 地势低平，湖泊河网密集

D. 地形以丘陵为主，平均海拔 50 米以下

3. 长江三角洲地区属于（　　）

A. 热带季风气候　　B. 亚热带季风气候

C. 温带季风气候　　D. 温带海洋性气候

4. 长江三角洲地区民居墙体高、房顶坡度大是为了（　　）

A. 通风防潮、利于排水

B. 便于拆迁，适合游牧生活

C. 防寒保温

D. 房顶坡度大是为了防止冬天积雪过多

5. 我国长江以南地区与阿拉伯半岛纬度大致相同，阿拉伯半岛水资源匮乏，而我国江南是“鱼米之乡”是因为（　　）

A. 地形因素　　B. 海陆位置

C. 洋流影响　　D. 纬度位置

第四部分　预学

1. 上海对长江三角洲地区的发展有何影响？

____

2. 长江三角洲地区的发展对人们的生活有什么影响？

____

3. 长江三角洲地区有哪些特色文化？

____

（重庆市石柱中学校　李小兰）

第三节　《“鱼米之乡”长江三角洲地区》教学反思

《“鱼米之乡”长江三角洲地区》是中学地理人教版八年级下册第七章第二节的内容。本册讲的都是我国各个地理区域的自然环境特征，以及不同的自然环境对人们生产生活的影响。贴近生活，南方地区的长江三角洲地区更为典型，区位优势明显，位于江海交汇之地，地势低平，河网密布，气候湿热，水陆交通运输便利，物产丰富，自古以来就是“鱼米之乡”。初二的学生已经有了一定的地理知识积淀，会自己读图用图，本堂课我着眼于学生地理素养的提升，从读图分析与运用、思维拓展与延伸、客观评价分析三个方面来确定教学目标。这堂课我采用互为师大课堂“四学系问”模式设计并执教，成功地达成了教学目标，教学效果明显。

一、“四学系问”，思路清晰

本堂课，我设计了四个教学环节，即复学、辨学、练学、预学，四位一体，思路清晰，环环相扣，有条不紊。“复学”是检测预习效果。“辨学”环节是教学核心，我出示地图资料引导学生读图分析长江三角洲地区的地理位置的优越性，设计了两个合作讨论分析河流对区域发展的影响。整堂课通过“四学系问”巧妙地将学生的读图应用、思维拓展、评价分析三个方面的地理素养融合训练。“练学”则是对本堂课学习效果的及时检测，而最后布置的“预学”又是对下一节课知识的提前预习指导。

二、关注生本，课堂生动

互为师大课堂的基本构成要素就是学生与学生之间的相互学习，学生与老师之间相互学习，这充分体现了教学要以学生为主体，教师为主导的教学理念。其中“复学”阶段是学生在“预学”基础上完成的，上节课我布置了三个预习作业，充分发挥了学生的主观能动性，激发学生自主学习的能力。从课上表现出来的情况看，学生预学充分，效果明显。“辨学”环节充分体现了师生互动、生生互动。一是采用同桌交流、小组讨论的形式，鼓励学生听取他人见解，学会质疑，碰撞交流。二是积极开展师生对话，在对话中激发学生思维，激发学生潜能，真正做到在“辨”中学习，在“辨”中生长。整堂课学生参与度高，积极性强，课堂效果好。

三、讲练结合，设计精巧

互为师大课堂能够让每一节课都看见学习的效果。“练学”环节时间虽短，但是练习效果很佳，让地理学习不仅有了“厚度”，还有了“硬度”。其次是本堂课设计巧妙。我在这堂课的设计上花了很多时间，查阅了很多资料，运用地图，景观图片和都江堰的视频资料在课堂中，让地理课堂灵动起来。

当然，整堂课还有很多不足的地方，有待改进。一是老师的教学语言不够精练，很多问题纠缠较多；二是问题设置偏于简单。

（重庆市石柱中学校　李小兰）

第四节　《“鱼米之乡”长江三角洲地区》学习反思

今天我们在李老师的带领下学习了第七章第二节《“鱼米之乡”长江三角洲地区》的第一课时。这堂课我学习的效果非常好，不仅认识了长江三角洲的江海交汇的地理位置及优势，还对河流对区域发展的影响有了深入的理解。

一是有目的的“复学”，让我上课很轻松。通过三个问题的复习，我们学习了南方地区的自然特征与农业，让我温习了上一节课所学知识、加深了印象，并且内容与这一节课息息相关，所以，今天的“复学”环节我感觉很受益。

二是“辨学”环节有碰撞，让我受益匪浅。今天在“辨学”环节，我们主要分析了长江三角洲地区的位置、地形、气候等自然环境特征，及其地理位置的优越性，讨论学习了河流对区域发展的影响，和同桌讨论交流让我受益匪浅，老师的引导和同学们的互相探讨让我的脑子一直在动，一直在跟着老师和同学的思维走，感觉很有意思。

三是“练学”及时巩固了知识，让我记忆更加深刻。

四是有任务的“预学”，为下一节课的学习做准备。最后老师布置了“预学”任务，我跟着老师预留的问题，通过阅读课本上的图文资料，先自主学习了解长江三角洲地区的辐射带动作用和水乡特色文化。所以，今天的“复学”环节我也收获很大。

互为师大课堂思路清晰，让我知道每天要学什么，课上应该记什么，下来该做什么。这让我学习起来不再盲目，学习效果更好了，也越来越喜欢读书了。

（重庆市石柱中学校 2020 级 1 班学生　余西涛）

第 8 编

“互为师大课堂”之英语应用

第一节 《What’s your hobby》教学设计

教学目标

一、语言建构与运用

1. 能根据音标，正确朗读出下列单词及简单短语：collection，doll，coin，pop，used to do sth.

2. 能正确拼读并运用单词表中的单词，如：coin，hate，pop 等。

二、思维发展与提升

1. 能正确朗读课本的文本材料，准确把握语音、语调及连读。

2. 能听懂有关将过去的兴趣爱好和现在的兴趣爱好进行对比的简单对话和陈述。

三、审美鉴赏与创造

能运用本课所学语言，对过去和现在的兴趣爱好进行对比。

四、文化传承与创新

能明白在不同的兴趣爱好中，可以增加不同领域的知识。

教学重点与难点

一、重点（Key points）

used to 句型结构肯定和否定形式的转换及运用。

二、难点（Difficult points）

运用 used to 句型的肯定和否定结构来表达兴趣爱好。

课型

新课。

教学准备

1. 教具准备。
2. 制作多媒体课件。
3. 导学案。

教学方法

讲授法、朗读法、小组合作探究法。

教学时间

1 课时。

教具（教学媒体）

自制课件。

教学过程

Stage 1　Getting students ready for learning

Greetings（T：teacher；Ss：students）

T：Good morning，boys and girls.

Ss：Good morning，Miss Lin.

T：How are you today?

Ss：Fine. / Not bad...

T：What's the weather like today?

Ss: It's...

…

T: Sit down, please!

Ss: Thank you!

【设计意图】用英语进行简单的问候，为英语学习创造语言氛围。

第一部分　复学

Stage 2. Revision

Step1. T plays a video "What do you like to do", lets students answer a question after watching.

Q: What is it about? (It's about hobbies.)

【设计意图】用简短的 Flash 动画复习 Section A 中所学的对爱好的表达，既调动学生的学习激情，也进行了复习。

Step2. T shows some pictures, and lets them make sentences with "love, like, prefer, enjoy, be fond of, be interested in" according to the pictures.

She likes ________　　She enjoys ________　　be fond of ________

love ________　　be interested in ________　　prefer ________

【设计意图】复习关于"喜欢"的表达法。

Step2. T asks some students to answer "What's your hobby?"

T: What's your hobby?

S1: I like...

S2: I enjoy...

【设计意图】通过提问，引出"hobby"的话题

第二部分　辨学

Stage3. Pre－listening

Step1. T asks a question, "Do you know what Miss Lin's hobby is" to lead to the teaching of the new word "collection".

T：Do you know what Miss Lin's hobby is? Can you guess?

Ss：sleeping/ going shopping/ listening to music/ reading books...

（T shows some stamps to the students，and asks，）

T：what are these?

Ss：Stamps.

（T shows a stamp collection on the PPT，and asks，）

T：How about this one?

Ss：It's a stamp collection.

【设计意图】教师通过提问，回答，并展示一个集邮册（stamp collection），进行对新单词 collection 的教学。

Step2. T shows some pictures to lead to the teaching of the new words "coin，doll". Students will read after the recording of each new word.

T：I have more collections for you，so let's see them together.

【设计意图】通过实物和图片展示教学单词，让学生能更直观地理解记忆。

Step3. T plays the recording of part 2，and lets students finish it，then checks the answers.

T：Do you want to know more collections?

Ss：Yes.

T：Great! Let's turn to page 58，and here are so many collections. Please listen to the recording and tick the collections that you hear.

（Ss listen to part 2 and finish the task，then check the answers.）

【设计意图】通过听力训练，及时巩固所学单词。

Step4. T shows some pictures of stamps and lets students summarize "What can we learn from the stamps". T leads students to answer，and writes these sentences down on the blackboard.

（T asks some questions to lead to the topic of "stamps".）

T：Among these collections，which one do you like best?

Ss：model planes/ coins/dolls...

T：Can you guess which one Miss Lin likes best?

Ss：Stamps.

T：Yes，of course. I will show some stamps to you.

（T shows some stamps on the PPT，asks some questions and leads Ss to answer them.）

T：What is the stamp about?

Ss：It's about...

T：What can we learn from these stamps?

Ss：people/ history...

（T shows the sentence，and writes it down on the blackboard.）

"We can learn a lot about history and people from stamps."

T：Do you want to enjoy more stamps?

Ss：Yes.

（T shows more stamps）

T：These stamps are so beautiful，so we can also say...

（T shows the sentence pattern，and Ss say the full sentence together.）

"What ______________ !"（beautiful stamps）

T：Do you like collecting stamps?

Ss：Yes/ No.

T：I think "Collecting stamps must be great fun".

"Collecting stamps must be great fun."

【设计意图】通过邮票的图片，对1a中长难句进行讲解，并导入1a。

Stage4. While－listening

Step1. T shows a picture of 1a，and asks some questions to lead to the listening.

T：Look，Maria and Michael are carrying a stamp collection. Can you guess who likes collecting stamps.

Ss：Maria/ Michael/Kangkang.

T：Do you want to know what are they talking about?

Ss：Yes.

T：Let's turn to page 57，listen to 1a，and circle True or False in 1b.

【设计意图】通过图片，培养学生对文本的预测能力。

Step2. T plays the recording of 1a，and lets students finish 1b，then checks the answers.

【设计意图】先让学生快速浏览 1b 中的句子，对听力内容有大致的了解，降低听力难度。

Step3. T plays the recording of 1a again，and lets students read after it sentence by sentence.

【设计意图】让学生模仿语音、语调。

Step4. T provides 1 or 2 minutes for the students to read 1a in groups.

【设计意图】让学生练习对话，注意语音、语调；培养学生小组合作能力。

Step5. T asks several groups to act 1a out.

【设计意图】检测学生语音、语调是否正确，如有误，及时纠正。

第三部分　练学

Stage5. Post – listening

Step1. T asks students to read 1a carefully and finish 1c by themselves.

T：After reading，can you tell me who likes collecting stamps.

Ss：Maria.

T：What's Michael's hobby? And how about Kangkang's?

Ss：...

T：Please read 1a carefully，and finish 1c.

【设计意图】让学生基于对文本的理解，完成 1c 练习，培养学生综合理解能力。

Step2. Check the answers. T invites some students to show their answers by reading the full sentences, and then gives them some praise.

【设计意图】让学生积极发言，说出自己的答案，检测学生语音、语调，并培养学生积极展现自己，增强自信心的能力。

Step3. T asks some questions according to 1c, to lead to the phrase "used to".

T: What's Michael's hobby now?

Ss: Playing basketball.

T: What hobby did Michael use to have?

Ss: Michael used to collect baseball cards.

【设计意图】培养学生口语交际能力，并为 part3 做准备。

Step4. T presents the usage of "used to" by introducing the teacher's hobbies.

T: I like collecting stamps now, but 5 years ago, I liked collecting coins. That is to say, I used to collect coins. (T writes the sentence down on the blackboard)

T shows some more pictures to lead to the sentences with "used to" and writes them down on the blackboard.

"What hobbies did he/she/they use to have?"

"used to do sth."

"didn't use to do sth."

【设计意图】通过图片呈现和板书，让学生感知"used to"及其各种句式的用法。

Step5. T shows more pictures and lets students practice these sentence patterns.

设计意图：再次巩固 used to 的用法。

Step6. Group work: T asks students to survey their group members' hobbies in the past and now, then they need to write it down and give a report in groups or in class.

T：Different people have different hobbies. So，I'd like to know your hobbies now and in the past. Please work in groups，finish the survey，and then give a report.

Name	Hobby	
	In the past	Now

Report：I used to …，but now…，because…/ I didn't use to…，but now…，because…

【设计意图】将本节课输入的知识以口头的方式输出，检测对 used to 结构的掌握程度。

Step7. Emotional education：show some pictures to lead to these sentences：

"Interest is the best teacher."

"Love is the first step to obtain knowledge."

【设计意图】对学生进行情感教育，爱好能让我们快乐，我们能从爱好中学到很多。

第四部分　预学

Stage6. Assigning homework

Step1. Summary. T asks students to choose one of the stamps，and then answer the corresponding questions or exercise，if their answer is correct，T will give them one of the stamps，and praise them.

【设计意图】让学生自主的选择，并回答相应的问题，能激发学生的激情。

Step2. Homework: write a short passage about your hobbies now and in the past.

【设计意图】将所学的知识以写作的方式输出，以便巩固和预习。

Blackboard designing

	Unit 3 Our Hobbies Topic 1 What's your hobby? Section B
Students' work	learn…about…from… What hobbies did he/she/they use to have?
used to do sth. didn't use to do sth.	

（重庆市涪陵第九中学校 蔺静）

第二节 《What's your hobby》创新学案

教学目标

一、语言建构与运用

1. 能根据音标，正确朗读出下列单词及简单短语：collection，doll，coin，pop，used to do sth。

2. 能正确拼读并运用单词表中的单词，如：coin，hate，pop 等。

二、思维发展与提升

1. 能正确朗读课本的文本材料，准确把握语音、语调及连读。

2. 能听懂有关将过去的兴趣爱好和现在的兴趣爱好进行对比的简单对话和陈述。

三、审美鉴赏与创造

能运用本课所学语言，对过去和现在的兴趣爱好进行对比。

四、文化传承与创新

能明白在不同的兴趣爱好中，可以增加不同领域的知识。

第一部分　复学

(A)

1. 请写出下列单词和短语。

集邮册______________　从……学习……　____________

过去常常……　______________

对…感兴趣，喜欢______________　电话卡______________________

模型飞机________________　养宠物__________________

流行音乐____________________

2. 在文中勾画出下列短语。

What beautiful stamps. ____

It must be great fun. ____

Learn a lot about history and people from stamps. ______________________

What hobbies did you use to have? __________________________________

I used to collect baseball cards. ____________________________________

favorite hobby ____

(B)

请默写 A 部分 1，并将 2 的短语勾画在书上且翻译。

第二部分　辨学

1. Are they all from China?

be from = ____________，意思是__________________________________

eg. 康康来自中国。________________ = ________________

区别：

all “全部，都”（表示三个及其以上，用于肯定句）；

both “两者都（用于肯定句）”。

eg. 我们两个都是学生。

We are ________ students.

我们全班都喜欢运动。

We ________ like sports.

2. It must be great fun.

区别：

must be 表示对现在所发生的事情的肯定推测，意为“一定，肯定”；

can't/couldn't 表示否定的推测，意为“不可能”。

eg. He isn't in his bedroom. He must be in the study room.

His room is dark. He can't watch TV at home.

3. What hobbies did you use to have?

I used to collect baseball cards.

注意：used to do sth “过去常常做某事”。

否定形式：____________________/____________________

一般疑问句：____________________/ ____________________

第三部分　练学

1. 翻译。

过去他常常打篮球。

肯定句：____

否定句：____________________/ ____________________

一般疑问句 ____________________/ ____________________

2. 单项选择。

(　　) 1) ________ beautiful girl she is!

A. How　　B. What　　C. What a　　D. How a

(　　) 2) She used to ________ for a walk after supper.

A. go　　B. goes　　C. to go　　D. going

(　　) 3) —What's your hobby?

—I ________ listen to music, but now I enjoy dancing.

A. am used to　　B. used to

C. am used　　D . use to

(　　) 4) What hobbies did you ________ have?

A. used to　　B. use to　　C. to use to　　D. using to

(　　) 5) Would you like ________ shopping with me?

A. go　　B. goes　　C. to go　　D. going

第四部分　预学

请写一篇自己过去和现在的爱好对比，字数 80 词左右。

（重庆市涪陵第九中学校　蔺静）

第三节　《What's your hobby》教学反思

本节课主要通过 Michael，Maria 和 Kangkang 之间的对话，继续学习表示兴趣爱好的话题。Section B 是对 Section A 的延伸，谈论的内容也从谈论现在的兴趣爱好扩展到了对过去兴趣爱好的谈论，即 used to do sth 和它的否定形式 used not to do sth/didn't use to do sth。本小节第三部分主要谈论过去和现在爱好的对比。学生们对兴趣爱好的话题很感兴趣。但是要正确使用 used to do sth。表达过去的兴趣爱好，也是有困难的，所以在设计这堂课的时候，将语言知识、语言点融入实际生活当中，让学生感受到本话题的实用价值，能够在生活中自由谈论现在和过去的兴趣爱好并能够进行书面表达。

一、课堂教学设计要适当地整合教材

教材和教师教学是学生学习的良好资源，但不是教学的唯一和全部。因

此我对教材进行了相应的整合和调整：

1. 把 P57 中第二部分的听力放在了单词引入之后，便于及时巩固新单词，让学生将单词的音，形，义有效地结合起来。

2. 在第三部分的基础上增加了小组活动，并给学生发放表格和相应的图片，让学生在轻松的氛围中将所学的知识加以应用。

3. 本节课是 Section B 的第一课时，由 1a，1b，1c，2，3，4a，4b 组成。由于课时内容较多，把 4a，4b 部分放在了第二课时，这样减轻了本节课的课堂容量，有更多的时间让学生精学，活用。

二、课堂教学设计要有适当的趣味性，多样性和真实性

1. 本节课以“What do you like to do”一首欢快的儿歌引入，让课堂氛围更轻松愉快，让学生在歌曲中复习上节课所学内容，并快速地投入课堂当中。

2. 在引入 stamp collection 时，用邮票的实物，让课堂更真实。由于社会的进步，现在邮票的使用量越来越小，学生在平时生活中很少接触到真实的邮票。因此，实物邮票不仅能激发学生的兴趣，还能拓展他们的知识面。

3. 在 summary 部分，让学生自己挑选喜欢的邮票，并完成相应的练习，让课堂更具有趣味性。学生在挑选喜欢的邮票图片，回答对相应的问题后，便能得到对应的邮票作为奖励，作为纪念。此部分是整个课堂的高潮部分，几乎每个学生都能积极参与到课堂中来。

三、课堂教学设计要体现英语交际性原则

英语的学习本质是用于交际。本节课的重点是“used to do ”句型的应用。因此，在教学活动中，我创设了很多情境以便学生能将所学的知识用于实际生活。

1. 小组活动中，让每个学生描述自己过去和现在的爱好，以口头的形式输出。

2. 在布置家庭作业中，让学生写出自己过去和现在的爱好，以文字的形

式输出。

四、课堂教学设计要充分考虑现代教学手段

在 ppt 中，我结合了文字、图片、音频、视频等给学生多方位的语言刺激，让学生置身于真实的语言环境中，以形成更浓厚的学习氛围。

五、课堂教学要建立小组评价机制

在设计每个活动时，我将学生分为若干小组，并对他们的表现给予一定的加分鼓励，以激发学生的学习热情和培养学生合作学习能力，并在课程结束时，总结各组的得分情况，予以相应的奖励。

六、需要改进的地方

1. 单词教学过于单一，只利用了图片和音频。可多设计一些趣味性强的单词巩固活动。应更注重语境教学，做到词不离句，句不离境。

2. 由于前部分环节花费时间较多，因此学生展示环节时间较少，应多留些时间让绝大部分同学有锻炼的机会，以达到将英语作为语言工具使用的目的。

（重庆市涪陵第九中学校　蔺静）

第四节　《What's your hobby》学习反思

这节英语课我们是在轻松愉快的氛围中度过的，不知不觉都已经下课了。下面我们谈一下本堂我们的收获和心得：

1. 老师以一首欢快的儿歌 “What do you like to do” 开始了本堂课，让我们在欢快的歌声中既复习了上节课所学的，又调整我们的心绪，快速进入课堂。

2. 老师在引入 hobbies 时，展示了各种各样的图片，但最让我们记忆深刻的是，老师展示了真实的邮票。而邮票对于我们来说，几乎是陌生的，在这节课中，我们不仅亲自接触了邮票，还学到了关于邮票的很多东西。

3. 本节课的重点是让我们描述过去和现在的爱好，而对于新知识点 “used to do sth.”，老师在讲授时，用了很多图片进行对比，循序渐进，而不是枯燥的讲解，更利于我们有效地理解和运用。

4. 在练习阶段，老师为我们准备了大量的图片，选择自己过去和现在的爱好，并贴在表格对应的位置，然后再小组展示。这不仅练习了我们的口语，巩固所学，而且也让我们分享了其他同学的爱好。而最后的作业阶段也是让我们最激动的，老师让我们选择自己喜欢的邮票图片，回答对应的题目，如果答对了，就可以获得一张真正的邮票。大家都很积极，只是题目太少，我们都意犹未尽。

总之，此次英语课，我们的收获都很大，希望老师能多开展类似的课，让我们轻松愉快地学知识。

第 9 编

“互为师大课堂”之数学应用

第一节 《认识分式》教学设计

教学目标

一、知识构建与应用

1. 通过对几个现实情境的分析，让学生会用字母表示数，并理解字母表示数的意义。

2. 通过对多个式子的对比分析，理解分式的概念。

3. 通过习题的巩固，让学生理解并掌握分式有意义和分式为零的条件。

二、思维发展与提升

1. 让学生经历抽象实际问题的过程，培养符号感。

2. 让学生经历概念的抽象过程，感受分式与分数的区别与联系，进而掌握分式有意义和分式为零的条件，认识事物间的联系与制约关系。

三、实验探究和合作

通过让学生经历观察，讨论，合作，交流，总结等过程去提炼概念，理解概念，应用概念，使他们初步掌握处理新概念的方法，体会合作与分享的乐趣，感受探究知识的成就感。

四、文化传承与情感

让学生感受到数学来源于生活，服务于生活，并初步建立用数学改变生活的自信心。

教学重点和难点

一、重点

1. 了解分式的形式$\frac{A}{B}$（A、B 是整式）。

2. 理解分式概念中的要求：分母中含有字母。

3. 掌握分式有意义的条件和分式值为零的条件。

二、难点

“分式有意义”的条件和“分式值为零”条件的应用。

课型

新课。

教学准备

1. 准备辨学和练学环节的题目。

2. 印制学案。

3. 制作多媒体课件。

教学方法

讲练结合法、启发引导法。

教学时间

1 课时。

教具（教学媒体）

自制课件。

教学过程

第一步 复学

教师设问 1：在上次运动会上，咱们班小明参加 100 米赛跑，以 11 秒的速度破了校纪录！为我们班争得了荣誉，是好样的!! 那么小明跑步的平均速度是多少？

学生回答：$\frac{100}{11}$。

教师设问 2：这里的$\frac{100}{11}$是我们小学学过的什么数？

学生回答：分数。

教师设问 3：那如果韩老师跑完 100 米花了 t 秒，那么平均速度是？

学生回答：$\frac{100}{t}$。

教师设问 4：那$\frac{100}{t}$是不是分数呢？

学生回答：是（不是）。

教师讲述：同学们意见还不统一。等学完这节课，同学们就会有明确而统一的答案。请同学们以小组为单位，通过讨论，列出满足下列情景的式子。

学生活动：分组转向讨论。

教师讲述：好，时间到！哪个小组代表愿意率先跟我们分享一下第一个情景的讨论成果？

学生回答 1：根据总造林面积 = 每月的造林面积 × 造林的时间。所以原计划花费的时间 = 总面积 2400 ÷ 每个月造林的量，原计划花费的时间 = $\frac{2400}{x}$；实际每个月造林 $x+30$ 公顷，同理可得：实际花费了$\frac{2400}{x+30}$个月。

学生 2，生 3，生 4 依次分享。

第二步　辨学

教师设问5：现在观察以上这几个式子，它们有什么共同特征？

学生回答1：结构上像分数。

学生回答2：分数的分子分母都是整数，而这些式子有的含有字母。

学生回答3：分母都有字母。

教师设问6：分子有字母吗？

学生回答：有的有，有的没有。

教师讲述：哦，那就不能算是共同特征了。

教师设问7：这些式子的分子分母，2400，b，35a+45b，2000m.... 它们统称...？

学生回答：整式！

教师讲述：现在有谁能给我们总结一下这些共同特征？

学生回答：分子分母都是整式，分母中必须含有字母。

教师讲述：我们把这样的式子，叫做分式。请同学们在教材108页勾出分式概念，并齐声朗读一遍。

学生活动：朗读：一般地，A、B表示两个整式，A÷B，就可以表示成$\frac{A}{B}$的形式。如果除式B中含有字母，那么称$\frac{A}{B}$为分式，其中A称为分式的分子，B称为分式的分母。

教师设问8：结合刚才的分析，说说分式的概念中关键词是什么？

学生回答：整式，B中有字母，$\frac{A}{B}$的形式。（教师板书关键词语）

教师讲述：也就是说，判断一个式子是否为分式，就看他是否同时满足这三个条件。缺一不可。

教师设问9：分式和分数的核心区别在于？

学生回答：分式的分母有字母。

教师设问10：同学们，复学里出现的的式子$\frac{100}{t}$，到底是不是分数呢？

然后请你们自己编写几个分式，考考其他人。

学生活动：学生写好，写到黑板上，同学们互相判断。

教师讲述：前面我们知道，字母可以表示数。请同学们看看例 1 的结果是什么？

例 1：当 a＝1，－2 分别求分式$\frac{a+1}{2a-1}$的值。

学生活动：做练习，并分享。

教师讲述：分式比分数更具有一般性，只要分式里的字母确定了，分式的值就唯一确定了。

教师设问 11：那当 $a=\frac{1}{2}$时，该分式的值为多少呢？

学生回答：不可以，否则没有意义。

教师讲述：说得非常好，同学们发现了本节课的一个重要知识点。分式和分数一样，只有当分母不为 0 时，才有意义。

变式练习 1：当 x 取什么值时，下列分式有意义？

$\frac{8}{x-1}$，$\frac{x}{x^2-9}$，$\frac{x}{x^2+9}$

学生活动：做练习，并分享，展示出来同学们共同批改。

教师讲述：既然给定 a 的值可以得到分式的值。那反过来，给定分式的值，能求出字母的值吗？

例 2：如果分式$\frac{a+1}{2a-1}=0$，则 a 为多少呢？

学生回答：$a+1=0$，即 $a=-1$ 即可。

教师讲述：大家都同意吗？

学生回答：同意。

教师讲述：先保留意见，那看看变式 2 呢？

变式练习 2：分式$\frac{x^2-9}{x-3}$何时为 0？

学生回答：因为分母不能为零，所以取 3 时分时没有意义，$x=-3$。

教师设问 12：分式为零必须满足哪些条件？

学生回答：分式为零必须同时满足 2 个条件：分子为零，分母不为零，缺一不可。

教师讲述：非常好。但是分母为零时同学们很容易忽略，就像刚才的例 2，我们也必须要考虑 $2a-1\neq0$，虽然最后结果不影响，但是数学的学习一定要严谨。所以，一般情况下，我们在书写的时候一定要两个条件同时写出来。

第三步　练学

教师活动：巡视学生作答情况，积极指导，发现问题。之后展示学生的作业。

学生活动：认真完成练习题，然后互相批改作业。

1. 当 x 取何值时，下列分式有意义？

（1）$\frac{x}{2x-3}$

（2）$\frac{x+1}{x^2}$

（3）$\frac{1}{x^2+2}$

2. 当 x 取什么值时，下列分式的值为零？

（1）$\frac{x-2}{2x+3}$

（2）$\frac{x^2-4}{x+2}$

教师设问 13：本节课到这里也接近尾声了，我想请同学们静下来反思一下，你这一节课都学到了什么呢？

学生回答：学到了分式的概念，分式有意义的条件，分式为零的条件。

教师设问 14：那你们学到了哪些数学学习的方法呢？

学生回答 1：可以通过观察、分析、归纳，把特殊的案例推向一般的方法。

学生回答 2：我还学到了数学运算时要严谨，书写要规范。

教师讲述：看到同学们都学有所得，老师很欣慰。希望同学们都能保持这股学习的韧劲儿，像分式一样，不管以后困难有多大，咱们就把它当作分子，而分母的大小就取决于我们自己，只要我们众志成城，除数够大，所有的困难都可以迎刃而解！相信人心齐，泰山移！

第四步　预学

预习教材 P110—P113，思考以下问题。

（1）若 m =5，n =2 时，以上分式的值分别是多少？为什么会出现这样的情况？

（2）$\frac{n}{m}$和$\frac{n^2}{mn}$是一个分式吗？为什么是？或者为什么不是？

（3）什么时候它们是同一个分式？

（4）结合分数的性质，猜想分式具有哪些性质？

（5）要求了解分式的基本性质，课后试着完成做一做和随堂练习。

（重庆市茄子溪中学　韩易）

第二节　《认识分式》创新学案

学习目标

一、知识构建与应用

1. 通过对几个现实情境的分析，学会用字母表示数，并理解字母表示数的意义。

2. 通过对多个式子的对比分析，理解分式的概念。

3. 通过习题的巩固，理解并掌握分式有意义和分式为零的条件。

二、思维发展与提升

1. 经历抽象实际问题的过程，培养符号感。

2. 经历概念的抽象过程，感受分式与分数的区别与联系，进而掌握分式有意义和分式为零的条件，认识事物间的联系与制约关系。

三、实验探究和合作

通过经历观察、讨论、合作、交流、总结等过程去提炼概念，理解概念，应用概念，初步掌握处理新概念的方法，体会合作与分享的乐趣，感受探究知识的成就感。

四、文化传承与情感

感受数学来源于生活，服务于生活，并初步建立用数学改变生活的自信心。

第一步　复学

1. 在上次运动会上，咱们班小明参加 100 米赛跑，以 11 秒的速度破了校纪录！为我们班争得了荣誉，是好样的!! 那么小明跑步的平均速度是________ 米/秒。

2. 韩老师跑完 100 米花了 t 秒，那么平均速度速度是________ 米/秒。

第二步　辨学

一、情境问题

1. 面对日益严重的土地沙化问题，某县决定分期分批固沙造林，一期工程计划在一定期限固沙造林 2400 公顷，实际每月固沙造林的面积比原计划多 30 公顷，结果提前完成任务，原计划每月固沙造林多少公顷？

如果原计划每月固沙造林 x 公顷：

那么原计划完成一期工程需要________个月，

实际完成一期工程用了________个月。

2. 2010 年上海世博会吸引了成千上万的参观者，某一时段的统计结果显示，前 a 天每天参观人数 35 万人，后 b 天每天参观人数 45 万人，这 $(a+b)$ 天中，平均每天参观人数为__________。

3. 文林书店库存一批图书，其中一种图书的原价是每册 a 元，现降价 x

元销售，当销售额为 b 元时，文林书店卖出这种图书有________册？

4. 从甲地到乙地的一条铁路全程200km，火车运行时间为 a 小时；由甲地到乙地的公路全程是铁路的 m 倍，汽车全程运行的时间比火车多4小时，那么汽车的速度是________。

分式的定义：

____。

判别分式的条件：________________________________

____。

二、例题解答

例1：当 $a=1$，-2，分别求分式$\frac{a+1}{2a-1}$的值。

分式有意义的条件是：________________________________

变式练习1 分式$\frac{8}{x-1}$，$\frac{x}{x^2-9}$，$\frac{x}{x^2+9}$何时有意义？

例2：当 a 取何值时，分式$\frac{a+1}{2a-1}$的值为0？

变式练习2：分式$\frac{x^2-9}{x-3}$何时为0？

小结：分式为零的条件是：________________________________

第三步　练学

1. 当 x 取何值时，下列分式有意义？

（1）$\frac{x}{2x-3}$　　（2）$\frac{x+1}{x^2}$　　（3）$\frac{1}{x^2+2}$

2. 当 x 取什么值时，下列分式的值为零？

（1）$\frac{x-2}{2x+3}$　　（2）$\frac{x^2-4}{x+2}$

3. 根据下列情景列分式：

小明家有一块长为 m，宽为 n 的菜地。小明妈妈为了菜品的多样性，将该地分为两部分，分别种上土豆和白菜（如图）。

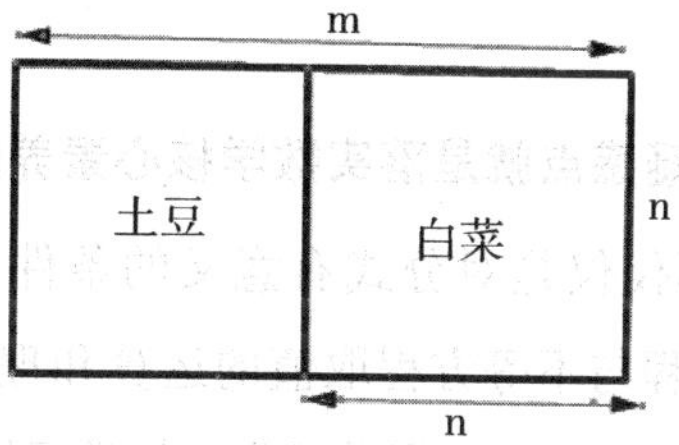

该土地的宽和长的比值为__________，种白菜的面积占整块地面积之比为______。

第四步　预学

预习教材 P110—P113，思考以下问题。

（1）$\frac{n}{m}$和$\frac{n^2}{mn}$是一个分式吗？为什么是？或者为什么不是？

(2) 若 $m=5$，$n=2$ 时，$\frac{n}{m}$和$\frac{n^2}{mn}$的值分别是多少？为什么会出现这样的情况？

(3) 分式的定义是什么？

(4) 结合分数的性质，猜想分式具有哪些性质？

(5) 要求了解分式的基本性质，课后试着完成做一做和随堂练习。

（重庆市茄子溪中学　韩易）

第三节 《认识分式》教学反思

教师的课后反思是教师专业成长的必经之路。没有一堂课是十全十美的，只有通过不断反思、总结、实践，对课堂和学生的把握才能更加游刃有余。本堂课有好几处值得提升的地方，结合学生的作业反馈，得出本堂课的一些反思，有以下几点：

一、课堂上学生的疑惑点就是落实数学核心素养的最好契机

本节课的重难点不仅仅是对分式有意义的条件和分式为零的条件的探索，也是对大括号下方程与不等方程取值的运算和理解。而本堂课需要落实的核心素养就有“数学抽象”“数据分析”“数学运算”。其中，数学运算体现得尤为明显，然而在运算的易错点上，我并没有加深巩固练习，对学生提出的疑问未给予足够的重视，导致课后作业的计算频频出错。

在“例2：当 a 取何值时，分式$\frac{a+1}{2a-1}$的值为0?”和“变式练习2：分式$\frac{x^2-9}{x-3}$何时为0?”的对比后，学生已经发现分式为零的条件是：分子为零，分母不为零，两个限制条件缺一不可，但对于$\begin{cases}x^2-9=0\\x-3\neq0\end{cases}$不会解。第一个错

误在于 $x^2-9=0$ 解出来只有 3 一个根，思维的严谨性不够高；第二个错误在于 $x-3\neq0$ 的不等式不会解。好几个同学表示“满足这个条件的 x 有很多个，不知道如何取值和表示”。第三个错误在于一个是等于，一个又是不等于，加上大括号的加持，根本不知道该如何取值？第四个错误在于最后对结论 $x=-3$ 的书写，有七八个同学仍然用大括号括起来了。看似简单的一道计算题，学生出现以上的疑惑，体现出学生的计算能力薄弱，对各种运算符号的本质概念没有理解。所以，我应该对同学们的以上错误点做出一一展示并详细讲解，最后再通过几道练习题，及时加深巩固。

核心素养中对数学运算的要求不仅仅是能算，还需要会算，会快速运算，能快速综合运算。教师不能功利性地追求教学进度，或者让学生机械地记忆知识点，应该从培养学生的运算能力转到培养学生运算素养上来。而且，任何类型的教学都是相通的，只有重视了学生的疑惑点，才能高效率地落实学生没有达到的目标。

二、大胆地放手把课堂还给学生，能真正实现“为学生而教”

在最后的预学环节中，当学生表示 $\frac{n}{m}$ 和 $\frac{n^2}{mn}$ 是一个式子时，我应该更细致地听听学生的声音，而不是以讲解的方式被动地让学生接受知识。可以组织学生互相讨论，或者以问题串的形式引导学生抓住分式的本质，加深对“分式有意义的条件”的理解，也可以顺理成章地过渡到分式的性质。如追问 1：你为何认为它们是一个分式？追问 2：分式有意义的条件是什么？追问 3：那什么时候才能毫无顾忌地将字母 n 约掉？追问 4：如果要两个分式完全相同，需要满足哪些条件？从学生的课堂反应来看，有很多同学是可以通过引导自己找出答案的。我们教学的最终目的是让学生能把活动经验真正地内化为知识，所以必须尤其注重课堂上的每一个知识点，让学生经历知识的生成过程，大大地提高学生的参与度。

另外对于课后总结，应该回归学生的活动经验，给予他们数学素养的升华，让学生学会学习。由于时间关系，在课后小结部分有些仓促，仅从学生所学的知识，方法上做了总结。四基的要求是：基本知识，基本方法，基本数学思想，基本活动经验。知识和方法是最基本的要求，但要让学生能够举一反三，实现知识能力的迁移，我们在小结的时候可以从学生的角度出发，引导他们梳理出在本堂课的学习过程中，我们有哪些解决问题的方法。比如，在这堂课中，学生应该学会抽象数学情景，学会归纳，分析，实现知识从特殊到一般的升华，学会严谨的思维方式，学会辩证性地看待新知识的发展和同化……如果教师能够长期坚持对学生探究过程和探究经验进行总结，学生会越来越主动学习，教师教学会越来越轻松。

教学的过程也就是学习的过程。正因为有不足，才能有不断进步的空间和动力。打造出轻松、高效的数学课堂作为教师的毕生追求！我将通过不断实践，不断反思来督促自己不断改进。

（重庆市茄子溪中学　韩易）

第四节　《认识分式》学习反思

《认识分式》又是一个新章节的内容，对于一个新事物的认识，往往都需要经历由肤浅到深入，由表象到本质的认识过程。在本堂课的学习中，韩老师提问$\frac{100}{t}$是不是分式时，我们很多同学都还不能给出肯定答案。

之后，韩老师让我们在四个具体情景中分组讨论出具体的表达式，这对于我们初中学生而言，是深化问题内因的有效途径，能有效帮助我们理解分数、整式。特别是为后面分式概念的提出有很大的帮助。

在得出了四个问题的具体式子后，韩老师带领我们分析观察了四个式子的结构，让我们在讨论中对分式的结构和定义有了更深刻的认识。

在练学环节，同学举了很多例子，让另一个同学来猜。很有趣味性，大家的参与热情很高。在举例子的时候，能让同学进一步思考分数和分式的区别与联系。但是有些同学也很容易出错，把分数和分式相互混淆，张冠李戴。在探究分式有意义的条件时，韩老师也对我们再三强调：分母不能为零。并重视相应知识的理解和训练，把这些知识作为学好分式运算的基本功，做到分散解决、重点突破、及时检查、个别辅导，切不可让问题淤积。分式运算常常字母多、算式长，对我们基础不太好的学生来说，对分式运算信心不足，甚至有畏难心理，一解就错，渐渐就害怕了。但是韩老师的课堂经常提供成功的机会，为我们解除心理障碍，增强我们解题的自信心。整个课堂上是一种轻松愉快的学习氛围，提供适合各层次学生的练习，让中差生有一定比例的可做题，增强同学们的自信心，减轻他们的心理负担。

最后，我对整堂课的感受做个总结：

（1）老师利用生活中的实际情景来强化我们对字母表示数的认识。因为是学过的知识，感觉比较简单，我们有很强的信心能学好本节课。

（2）上课时老师善于利用对比分析方法。在引入新概念或新问题时，把相关的旧概念及旧知识联系起来。例如，让我们回忆整式的概念，对比分数和分式的区别与联系。之前我以为$\frac{100}{t}$是分数，但是通过一系列的分析，我更加强烈地感受到数学是一门非常严谨的学科，我们要随时带着批判性思维，用辩证的思想来论证知识的准确性，不可以想当然。

（3）老师善于巧设问题，循循善诱。多角度、全方位地提出有价值的问题，让学生思考；在辨识概念和解决问题时，鼓励学生质疑和联想。例如，在我们观察式子的共同特征时，我们回答得并不全面，老师立马引导我们："同学们可以从整体结构上看，也可以从局部细节上看，可以对比之前学过的分数……"，我们又找到了一个共同点，即分子分母都是整式。通过这个环节，我学会了更全面地思考和分析问题。

（4）趣味性很强。课堂上设置了练学环节，做了你说我答的游戏。带动同学之间互相设问互相作答，全班同学一起监督，我们谁都不肯认输；老师还将习题展示出来，让同学们互相批改，我们都害怕出错，所以做起来格外认真，同时也带着放大镜去找其他同学的错误，所有同学的学习积极性瞬间增加了。

总之，这节课我收获颇丰，知识我都记住了。而且我还记住了老师教给我的思考方法，以后也会继续用于实践，争取学好更多有意义、有趣味的数学知识。

（重庆市茄子溪中学校 2017 级 1 班学生　左艳）

第 10 编

“互为师大课堂”之物理应用

物理分编之一

第一节 《液体的压强》教学设计

教学目标

一、知识构建与应用

1. 观察实验，认识到液体内部、液体对容器底和侧壁有压强。

2. 通过实验探究，了解影响液体内部压强大小的因素。

二、思维发展与提升

1. 经历探究影响液体压强大小因素的过程，培养学生分析与概括能力。

2. 通过对影响液体压强大小因素的应用，培养学生运用物理知识解决实际问题的能力。

三、实验探究和合作

体验探究知识的乐趣，在实验时有主动和他人合作的精神。

四、文化传承与情感

通过深海潜艇的介绍，激发学生热爱祖国的情感。

教学重点与难点

教学重点：经历“探究影响液体压强大小因素”的过程。

教学难点：如何组织引导学生进行科学探究。

课型

新课。

教具准备

演示用：两端开口的塑料圆筒、橡皮膜、压强计、水、酒精、200mL 的量筒、自制水管压强演示器。

学生用：压强计、200mL 的量筒、保鲜袋（每四位学生一组）。

教学方法

情景教学法，演示实验和自主探究相结合的教学方法。

教学时间

1 课时。

教学过程

联系生活，引入新课。

师：大屏幕显示课件。同学们，我们一起来看两张照片，左边是三峡大坝鸟瞰图，右边是我们这里斜阳溪水库大坝，它们一个是举世瞩目的高端科技，一个是小小水坝，但是结构上却有一点相同之处，是什么呀？

生：它们都做成了一个上窄下宽的梯形。

师：那么为什么会有这样的设计呢？这就和我们这节课所要学习的液体压强有关。（板书课题）

第一步　复学

师：在学习液体压强以前，我们先来回顾一下前面所学习的固体压强的知识。

生：回顾固体压强知识。

师：那么关于液体的压强我们要学哪些知识呢？（大屏幕显示学习目标）请大家一起读一读学习目标。

生齐读学习目标。

第二步　辨学

一、液体压强产生的原因

师：（把量筒放到桌上）放在桌面上的量筒由于受到重力的作用，会对桌面产生压强，使桌面发生形变，如果我们在量筒里面加水，水对底部有压强吗？

师：那么我们来看看液体压强是怎么产生的呢？（板书：压强产生的原因）我们来看一看。这是一个两端开口的塑料筒，一端蒙上了一层橡皮膜，我们加水，看看会有什么变化？

生：观察橡皮膜的变化。

师：它为什么会向外突出呢？这说明了什么？

生思考并回答。

师：如果侧面也有橡皮膜，它会不会有变化呢？请同学们看一看。（演示自制道具）

生观察并思考。

师：为什么会出现这样的变化呢？这说明了什么？

生思考并回答

师：（小结）液体压强产生的原因就是液体具有重力和流动性。（板书：重力、流动性）

师：液体的内部有压强吗？我们来体验一下。请每一个小组让一两名同学把保鲜袋套在手上，慢慢地伸入水中，注意不让水灌入袋子内，观察保鲜袋有什么变化，手有什么感受？说明了什么？

生实验并汇报。

二、探究液体内部压强的特点

师：既然液体内部都有压强，那么液体内部的压强与哪些因素有关呢？请大家猜想一下。

生讨论并提出自己的猜想。

师：同学们提出了这些猜想，怎么来证明是否正确呢？

生：实验。

师介绍液体压强计及其使用。

师：同学们还要注意一下，由于我们提出了多个猜想，所以在实验时还要注意什么？

生倾听并思考。

师：接下来先来探究一下液体压强与深度和方向的关系。请同学们讨论一下，可以怎么做呢？

生讨论后汇报实验方法。

师：那我们就马上分小组来探究一下。

生分小组进行探究，填写表格，并总结规律，汇报实验结果。

师：接下来我们再来看一下液体压强与液体密度是否有关，讨论一下怎么做。

生讨论汇报实验方法。

师：提示控制变量。接下来这里有一杯水，一杯酒精，我们让一个小组上台来给我们演示一下，一个人负责解说，两个人负责操作。

生上台演示，边演示边讲解，总结结论。

师：概括总结液体内部压强的特点，强调：（1）液体压强由液体深度和密度共同决定；（2）深度的理解。

三、生活中的液体压强

师：结合液体压强的这些特点，液体压强的知识在生产、生活中有什么应用呢？

生观看帕斯卡裂桶实验视频。

师：从这个现象中我们可以看到，液体的压强与液体的质量有关吗？

师：我们再来回顾一下课前所看到的图片，大坝的横截面为什么都做成上窄下宽，呈梯形状呢？同学们交流讨论一下。

生讨论交流并汇报反馈。

第三步　练学

1. 人能否在水中无限下潜呢？

2. 某地一幢五层楼房，内部的自来水都是由楼顶的水箱供水的，把一楼和五楼的水龙头拧开同样大小，发现一楼出水湍急、五楼缓和，这是因为（　　）

A. 一楼管内水浅，五楼管内水深

B. 一楼水的压强大，五楼水的压强小

C. 可能五楼水龙头的口向上

D. 水箱中的水位太低了

3. 在以下各图中比较 a、b、c 各点的压强大小。

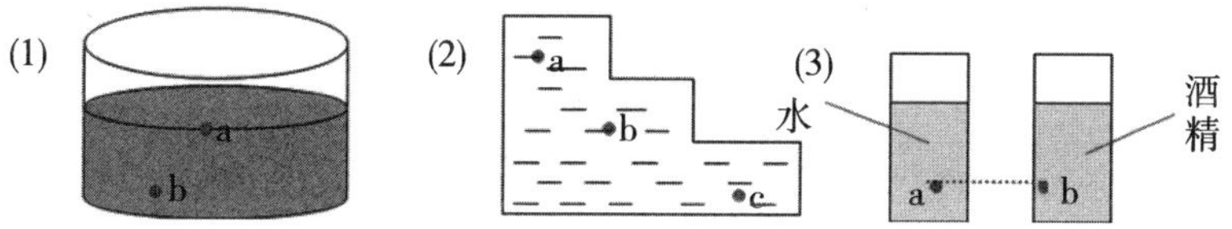

4. 有一容器，如图：底部受到液体压强为 P1，如把它倒放，底部受到液体压强为 P2，则 P1 ________ P2。（填“ = ”、“ < ”、“ > ”）

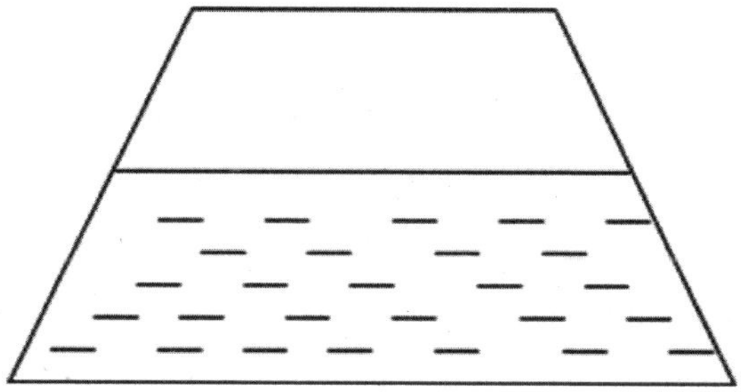

课堂小结

师：我们来回顾一下，本节课你学到了什么？你又有什么新收获？

师生一起小结本节课内容。

第四步 预学

1. 液体压强如何计算？

2. 认识液体压强的应用——连通器。

板书设计：

9.2 液体的压强

一、液体压强产生的原因：重力、流动性

二、探究液体内部压强的特点

液体深度

液体密度

（重庆市涪陵第九中学校 郑川）

第二节 《液体的压强》创新学案

学习目标

一、知识构建与应用

1. 观察实验，认识到液体内部、液体对容器底和侧壁有压强。

2. 通过实验探究，了解影响液体内部压强大小的因素。

二、思维发展与提升

1. 经历探究影响液体压强大小因素的过程，培养学生分析与概括能力。

2. 通过对影响液体压强大小因素的应用，培养学生运用物理知识解决实际问题的能力。

三、实验探究和合作

体验探究知识的乐趣，在实验时有主动和他人合作的精神。

四、文化传承与情感

通过深海潜艇的介绍，激发学生热爱祖国的情感。

学习过程

第一步　复学

1. 压力的作用效果用________来表示，放在桌面上的物体对桌面有压强是因为物体具有________。

2. 压强的大小由____________和____________两个因素决定。

3. 压强的计算公式为______________，单位是________。

第二步　辨学

一、液体压强产生的原因

1. 观察演示实验，回答下列问题

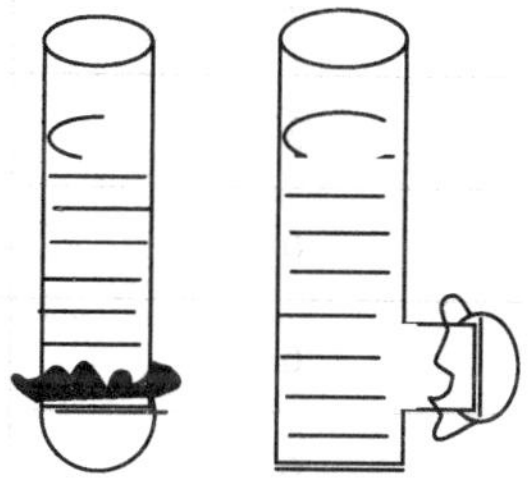

（1）橡皮膜向下突出是由于水受到了________的作用，这说明了水对___________有压强。

（2）橡皮膜向外突出是因为水具有______，这说明由于水具有________，所以对容器的________也有压强。

2. 结论

（1）液体由于受到________的作用，因而对支撑它的容器底部有压强。

（2）液体由于具有________性，因而对阻碍它流散开的侧壁有压强。

二、探究液体压强的特点

1. 体验：液体内部存在压强

（1）把塑料薄膜套在手上，慢慢放入水中，说说手有什么感受。

（2）观察演示实验，说明液体________存在压强。

2. 设计实验

猜想：液体压强可能与________有关，因为________。（即填为什么这样猜）

器材：液体压强计、________

方法：________

步骤：

____

3. 探究液体压强与深度的关系

实验步骤：把金属盒探头固定在水下一定深度，改变橡皮膜的朝向，分别记录橡皮朝上、下和侧面时U形管中液面的高度差，改变金属盒在水下的深度再试一试。

深度（cm）	橡皮膜朝向	高度差（多少格）
3	朝上	
3	朝侧面	
3	朝下	
6	朝上	
6	朝侧面	
6	朝下	

结论：在液体内部向________都有压强；同一深度，各个方向压强______；深度越深，压强______。

4. 探究液体压强与密度的关系

实验步骤：保持金属盒在液体中的深度不变，把金属盒分别放入不同液体（水和酒精）中，记录U形管高度差，改变深度再试一试。

深度（cm）	高度差（多少格）	
	水	酒精
3		
6		

结论：液体压强还与液体______有关，同一深度，____________越大，压强______。

5. 总结液体内部压强的特点

（1）液体对______和______都有压强，液体内部向________都有压强；

（2）液体的压强随深度的增加而____，同一深度，液体向各个方向的压强________；

（3）不同液体的压强还与______有关，深度一定时，______越大，压强______。

注意：深度指的是研究点到自由液面的竖直距离。

6. 讨论：工程师们为什么要把拦河坝设计成下宽上窄的形状？

第三步　练学

1. 人能否在水中无限下潜呢？

2. 某地一幢五层楼房，内部的自来水都是由楼顶的水箱供水的，把一楼和五楼的水龙头拧开同样大小，发现一楼出水湍急、五楼缓和，这是因为（　　）

A. 一楼管内水浅，五楼管内水深

B. 一楼水的压强大，五楼水的压强小

C. 可能五楼水龙头的口向上

D. 水箱中的水位太低了

3. 在以下各图中比较 a、b、c 各点的压强大小。

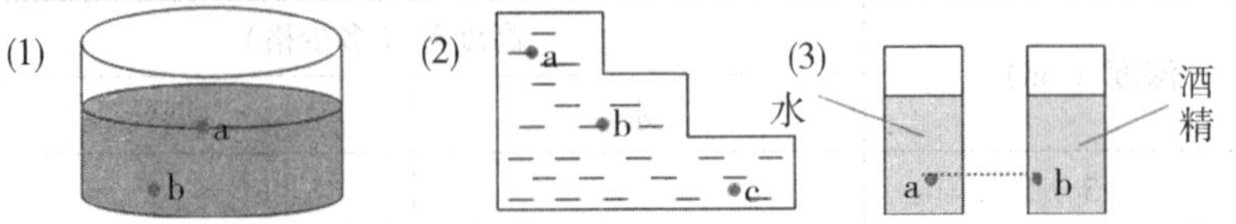

4. 有一容器，如图：底部受到液体压强为 P1，如把它倒放，底部受到液体压强为 P2，则 P1 ________ P2。（填“ = ”、“ < ”、“ > ”）

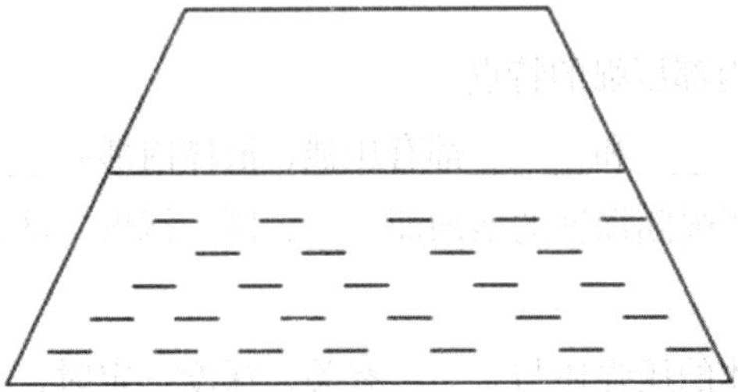

第四步　预学

自己阅读教材后半部分内容，思考：

1. 液体压强如何计算？

2. 液体压强的应用——连通器。

（重庆市涪陵第九中学校　郑川）

第三节　《液体的压强》教学反思

初中物理新人教版八年级下册讲的都是力学知识，第九章《压强》是力学知识的重要组成部分，是压力作用效果的具体表现。《液体的压强》就是本章中的一节课，本章知识有：压强、液体的压强、大气压强、流体压强与流速的关系。《液体的压强》是学生学习了《压强》后对压强知识的延伸，也是对压强知识的巩固。让学生懂得：不但固体对支持它的物体有压强，液体对盛放它的容器底和容器壁有压强，液体内部也有压强。通过对液体压强特点的了解也为马上学习《大气压强》《流体压强与流速的关系》和今后学习《浮力》做好知识铺垫。

这是一堂集新课讲解和实验探究教学的课。在整个教学过程中，我从教学目标出发，充分利用多种教学方法，因材施教，循序渐进，多点开花，充分体现了新课程标准下的教学理念。本人认为，这是完全符合新课程标准的一节课，具体体现在以下几点：(1) 注重联系生活，充分体现物理从生活中来，服务于生活中去；(2) 注重物理学科实验探究的特点，用直观的实验来得到结论；(3) 体现以学生为主体，发挥学生的自主性、合作性和创造性；(4) 对于学生猜想能有理有据，并充分验证。

虽然觉得本节课符合新课程标准，但仍有不足之处，有待改进：(1) 对学生的研究方法的指导有所不足；(2) 在引导学生做出猜想时，可能是由于学生先看了书的缘故，猜想的方向有局限，如体积、形状等未提出；(3) 课堂的容量还可加大，更能体现课堂的高效。

本节课体现了物理以实验为基础、密切联系实际生活的特点，也重视对学生的情感教育。设计巧妙、直观、生动，整个实验符合学生的认识规律，生动、深刻，有利于学生掌握知识，整个教学过程，学生积极参与，体现了学生为主体，教师为主导的教学原则。在教学中还可以进一步优化课堂结构，学生完成创新学案时间太短，交流不够充分，没有充分发挥学案的作用。另外，在时间的分配上还可更合理一些，在课内完成巩固练习，使这节课更加完美。

（重庆市涪陵第九中学校　郑川）

第四节　《液体的压强》学习反思

今天我们在郑老师的带领下学习了第九章第 2 节《液体压强》。这堂课我学习的效果非常好，用自主探究的方法知道了液体压强的特点，还知道了生活中一些与液体压强相关的现象，知道了物理与生活密切联系。

一是有任务的“预学”，让我上课很轻松。上节课老师布置了“预学”，我通过查阅资料了解了一些生活中液体压强的常识，巩固了固体压强的知识。所以，今天的“复学”环节我感觉很轻松。

二是“辨学”环节有新意，让我受益匪浅。今天在“辨学”环节阶段，我们主要经历了感知液体压强的存在，利用实验探究了液体内部压强的特点。我们先通过生活实际引出了液体的压强，然后通过实验感知到了液体压强确实存在，然后利用一个新的器材——压强计探究了液体内部压强的特点。这样的教学让我的手、脑一直在动，一直在跟着老师和同学的思维走，感觉很有意思。

三是“练学”及时巩固了知识，让我记忆更加深刻。老师的这四个检测题，让我们更加深刻地理解了液体压强的特点，并且对深度有了更深的理解。

最后老师一直把物理知识与生活实际相结合，让我觉得物理不仅有趣，而且很有用，增强了我学习物理的兴趣。

互为师大课堂思路清晰，让我知道每天要学什么，课上应该记什么，下来该做什么。这让我学习起来不再盲目，学习效果更好了，也越来越喜欢学习了。

（重庆市涪陵第九中学校学生 李章瑞）

物理分编之二

第一节　《大气压强》教学设计

教学目标

一、物理观念

1. 知道大气压强的存在。

2. 了解大气压强产生的原因。

3. 知道托里拆利实验的原理、过程和结论。

二、科学思维

1. 通过观察有关大气压强的现象，引导学生进行分析，让学生感知大气压的存在。

2. 通过对大气层结构的讲解，分析大气压产生的原因，让学生不光知其然，还要知其所以然，使学生进一步认识大气压。

三、实验探究

通过学生小组实验进行大气压强与海拔高度关系的实验探究以及学生自主实验探究，让学生感受团队合作的魅力，培养学生的创新意识、合作意识和竞争意识，培养学生的实践能力和语言表达能力。

四、科学态度和责任

1. 通过实验活动，培养学生学习的兴趣和求知欲。

2. 运用大气压强知识解释生活和生产中的有关现象，使学生体会到物理知识与生活的密切关系，让学生重视观察生活，知道知识可以改变世界，激发为科技发展做贡献的愿望。

3. 通过托里拆利实验，让学生能够计算一个标准大气压下的大气压强数值。

教学重点和难点

一、重点

大气压强的存在和大气压强的应用。

二、难点

大气压强的测定。

课型

新课。

教学准备

1. 下载并截取视频：《马德堡半球实验》《托里拆利实验》。

2. 准备练一练环节的题目、实验器材以及录制《大气压与海拔高度的关系》视频。

3. 制作多媒体课件。

教学方法

演示法、实验法、讨论法、启发法、练习法。

教学时间

1 课时。

教具（教学媒体）

马德堡半球等实验器材、自制课件。

教学过程

第一步 复学

通过回顾上一节液体压强的内容，让学生巩固液体压强的知识。

师：前面我们学习过液体压强，知道液体内部向各个方向都有压强，现在我往这个四周都有小孔的矿泉水瓶里面装一些水，大家观察一下，有没有水流出来呢？

生：流出来了。

师：并且越深的地方水流得越远。接下来，老师将盖子盖住，旋紧。那么水还有流出来吗？

生：没有。

师：是什么阻止了水流出来？

师：我们再来看一个实验。老师手里有一个完好的矿泉水瓶，现在注入热水到矿泉水瓶中，盖上瓶盖晃动几下，然后倒出热水，最后盖上瓶盖。

师：矿泉水瓶发生了什么变化？

生：变瘪了。

师：是什么东西把它压瘪了？

师：我们可以看到矿泉水瓶与什么接触？

生：与空气接触。

师：所以是什么东西把它压瘪的？

生：空气。

师：说明空气对它产生了压力。那么现在同学们知道是什么阻止了水流出来吗？

生：是空气。

师：是的。

师：液体内部朝各个方向都有压强，这是因为什么呢？

生：因为液体受到了重力作用并具有流动性。

师：那么我们生活在大气层的底部，包围周围的空气叫作大气，大气有没有压强呢？

生：有，因为气体受到重力的作用并且具有流动性。

师：好，非常棒！那么我们今天这节课就来学习大气压强，简称大气压。

第二步 辨学

通过与液体压强做对比，引出大气压强。

1. 什么是大气压强？

师：接下来，老师给大家做一个覆杯实验，这里有一个玻璃杯和一张硬纸片，先将硬纸片与杯口紧贴，再将玻璃杯倒置，如果我将手拿开，硬纸片会怎样？

生：会掉下来。

师：那现在我将水杯装满水，再将硬纸片紧贴杯口并将杯子倒置，硬纸片还会掉落吗？

生：会。

老师就将手拿开，发现硬纸片并没有掉落，学生开始思考。老师再将玻璃杯杯口转向四周，发现硬纸片依旧没有掉落。

师：硬纸片并没有掉落，是什么拖住了硬纸片？

生：大气压强。

师：将杯口转向四周时，硬纸片依旧没有掉落，这说明了什么？

生：说明了大气向各个方向都有压强。

师：对的，非常棒！这就是大气压强的特点，这个实验是一个证明大气压强存在的实验。其实最早证明大气压强存在的实验是马德堡半球实验。那么今天我们来模拟一下这个实验。

老师请了两位比较壮的男同学来做这个实验。将两个半球合成一个球，再将球内空气抽出，请两个男同学一人拉一边，最后发现再怎么用力也分不开。

师：从这个实验我们可以知道大气压强大还是小？

生：大。

老师演示将球内注入空气后，半球很容易就分开了，证明了确实是大气压强的作用。

师：生活中还有哪些现象能说明大气压的存在呢？

老师引导学生利用桌上的器材进行探索。观察指导学生实验，对成功的实验予以全班展示，激发学生实验热情。

学生实验。（器材：塑料挂钩、玻璃板、针筒、试管、玻璃杯、硬纸片、试管。）

老师观察学生实验，请学生展示实验并讲解实验——针孔实验、吸盘实验。

师：生活中利用大气压的地方多不多呢？

生：多。

师：下面我请两位同学喝饮料，有哪两位同学想要喝？

老师请到了两位同学后。让两位同学开始喝饮料，其他同学观察饮料是否有减少。发现其中一个同学喝到饮料了，另一个同学并没有喝到饮料。

师：知道你为什么能喝到饮料吗？

喝到饮料的学生：因为我这个是敞口的，饮料上方有空气，并且我吸吸管的时候，吸管内的气压减小，所以是大气压将饮料压进我的嘴里的。

师：（问另一个学生）知道你为什么能没有喝到饮料吗？

未喝到饮料的学生：因为我这个是闭口的，并且瓶子装满了饮料，瓶内没有空气，所以没有大气压将饮料压进我的嘴里。

师：这两位同学都回答得非常棒！现在用你们面前的器材，自己动手感受一下大气压强。

学生实验。（器材：注射器、药水、墨水）

用注射器吸药水和墨水。待学生自主实验过后，老师再演示一遍，先将活塞向下推，把里面的气体排出，再将针尖没入药水中，最后向上拉活塞。

师：是什么将药水压上来的？

生：大气压。

师：（讲解拔火罐原理）先将火罐里的气体加热，再将火罐倒扣在人身上，火罐里的气体被密闭起来，接着火罐里的气体变冷，火罐内部气压就变小，在外界大气压的作用下，所以就牢牢地吸在人身上。

师：大气压强还可以用于什么中？

生：运送玻璃。

师：对，非常棒！因为玻璃易碎，所以我们就可以用吸盘吸住玻璃在运送，就方便多啦。这就教会我们物理知识不仅仅只是用于做题，还可以用于解决实际问题。

2. 大气压强的大小是多少？

师：我们已经知道了大气压的存在。那么大气压强的大小是多少呢？我们来一起探究一下。

学生实验。（器材：水槽、试管）

师：请同学们将试管装满水，用手指堵住管口倒插在水槽中，管口始终不离开水面，将试管上提、下压、倾斜，观察试管内是否始终充满水。观察水的同时为托里拆利实验做准备。

师：若是将试管加长，无限的加长装满的水会下降吗？究竟大气压能支持多高的水柱呢？大家一起来看看下面的实验。

学生观察教师演示实验视频，发现大气压能够支持10.34m左右的水柱。

师：用10多米的管子做实验会很不方便，怎么样才能使较短的液体柱产生较大的压强呢？

生：换用密度较大的液体。

师：那用什么液体最合适呢？

生：水银。

师：对。因为水银是日常生活中密度最大的液体。

用多媒体播放托里拆利实验视频，教师进行讲解。

学生观看录像，了解实验的过程步骤，理解托里拆利实验测定大气压的原理和结论。

教师再根据托里拆利实验的原理，引导学生计算大气压强的大小。

学生利用$P_0 = \rho_{水银}gh$ 进行计算，推出标准大气压的大小。识记标准大气压$P_0 = 1.013 \times 10^5 Pa$ 和粗略计算时$P_0 = 1.0 \times 10^5 Pa$。

师：所以大气压强的大小如何确定？

生：$P_0 = \rho_{液}gh$。

师：一个标准大气压是多少？

生：$P_0 = 1.013 \times 10^5 Pa$。

师：那同学们，如果把试管倾斜或者把试管做细，会不会影响大气压强的大小？

生：不会。

师：对，不会。因为倾斜之后长度会变长，高度差不变，而大气压强的数值是利用高度差计算的，所以与试管粗细也无关。

举例计算。

（1）人的体表面积约为 $2m^2$，作用在人身上的大气压力是多大？相当于多少吨的物体压在人身上？

（引导学生解释为什么人没有被压碎？）

（2）正方形玻璃的边长为 10cm，作用在玻璃表面的大气压力是多大？

通过计算作用在人体表面和玻璃表面的压力的大小感知大气压的威力。

学生 1—5 组计算第 1 题，6—10 组计算第 2 题，通过计算，知道作用在人体表面上巨大的大气压力，同时理解自然界的平衡。

3. 大气压强与高度是否有关？

师：大气压是不是一成不变呢？大气压与海拔高度有着怎样的关系？请跟随我们的实验小组去进行探究。

老师播放本班实验小组自己录制的《大气压与海拔高度的关系》视频。

学生通过观看本班学生的视频知道大气压与海拔高度的关系：海拔高度升高，大气压减小，海拔高度降低，大气压增大。

师：大气压与海拔高度有着怎样的关系？

生：海拔高度升高，大气压减小，海拔高度降低，大气压增大。

师：除此以外，大气压与天气有关系吗？请同学们阅读教材并勾画出大气压与天气的关系。

生：大气压强与天气有关系，当阴天下雨时，大气压会降低；当干燥炎热时，大气压会升高。

师：好，非常棒！

4. 什么仪器用于测量大气压强？

师：若我现要测大气压，可有现成的仪器？（安排学生阅读教材 P42—43 页气压计部分。并归纳出每种气压计的优缺点）

生：水银气压计和金属盒气压计。

师：那么这两种气压计分别的优缺点是什么？

生：水银气压计的优点是测量准确，缺点是不便于携带，常用于气象站和研究所。金属盒气压计的优点是便于携带，缺点是不太准确，灭火器、抽气机上用的就是金属盒气压计。

回顾本节课所学内容。

师：下面，我们进入第三个环节—练学。首先请同学们完成创新学案上的练习（3—4 分钟）。有困惑的地方，大家可以相互讨论。

第三步　练学

1. 下列生活现象中，不属于利用大气压的是（　　）

A. 在玻璃生产车间里，利用有真空吸盘的吊车吊运平板玻璃

B. 用吸管吸饮料

C. 节日里放飞的氢气球，升到高空时会破裂

D. 用注射针筒抽取药液

2. 护士用注射器吸取药液时，把注射器的活塞推到下端是为了____________________________。然后将针头插入到药液中，慢慢地拉开活塞，这时注射器内的气体压强比药液上方的气压________，这样在____________的作用下，药液被压入注射器内。

3. 关于大气压强，下列说法不正确的是（　　）

A. 大气压强随海拔高度的增加而增大

B. 马德堡半球实验证实了大气压强的存在

C. 一般来说，阴天、下雨时大气压强会低些

D. 1 标准大气压的数值等于高度差为 760mm 水银柱产生的压强

4. 小亮同学从超市买来一个玻璃瓶装的铁皮盖罐头，想把瓶盖打开，可是怎么也拧不动。小亮的哥哥用螺丝刀沿瓶盖的边轻轻撬了几下，一拧就打开了，这主要是因为用螺丝刀撬瓶盖可以（　　）

A. 增大瓶盖直径，减小瓶盖侧壁对瓶的压力

B. 减小瓶盖与瓶口的接触面积

C. 减小瓶内外气体的压力差

D. 由于撬了盖的一边，而增大了盖的另一边的压力

第四步　预学

1. 什么是浮力?

2. 物体的沉浮条件是什么?

3. 浮力的大小怎么计算?

（重庆市涪陵第九中学校　吕佳珏）

第二节　《大气压强》创新学案

学习目标

一、物理观念

1. 知道大气压强的存在。

2. 了解大气压强产生的原因。

3. 知道托里拆利实验的原理、过程和结论。

二、科学思维

1. 通过观察有关大气压强的现象，引导学生进行分析，让学生感知大气压的存在。

2. 通过对大气层结构的讲解，分析大气压产生的原因，让学生不光知其然，还要知其所以然，使学生进一步认识大气压。

三、实验探究

通过学生实验小组进行大气压强与海拔高度关系的实验探究以及学生自主实验探究，让学生感受团队合作的魅力，培养学生的创新意识、合作意识和竞争意识，培养学生的实践能力和语言表达能力。

四、科学态度和责任

1. 通过实验活动，培养学生学习的兴趣和求知欲。

2. 运用大气压强知识解释生活和生产中的有关现象，使学生体会到物理知识与生活的密切关系，让学生重视观察生活，知道知识可以改变世界，激发为科技发展做贡献的愿望。

3. 通过托里拆利实验，让学生能够计算一个标准大气压下的大气压强数值。

教学重点

大气压强的存在和大气压强的应用。

【学习过程】

第一步　复学

一、自学课本，完成以下题目

1. 思考：上一章液体压强产生的原因：液体受____作用且有______性，因而对浸入其中的物体有压强，同理，空气对浸入其中的物体也有压强，这个压强就叫大气压强，简称大气压或气压。

2. 举出生活中存在大气压的例子。

3. 思考为什么水银柱产生的压强等于大气压的值。

4. 1 标准大气压 = ________水银柱产生的压强 = ________Pa。

5. 大气压的测量：气压计的种类：__________和__________。

6. 大气压的大小与_______有关，还与_______有关。大气压随高度的升高而_______。根据此原理可以用气压计制造出高度计。此种高度计的准确性很高吗？它的准确性主要受什么因素影响？

第二步 辨学

（一）新课引入

实验一：在矿泉水瓶周围不同深度，不同方向扎有小孔，装入水后，观察实验现象，并思考此实验现象说明什么？

实验二：在上述实验的基础上，盖上瓶盖，拧紧后，注意观察实验的现象并思考实验现象产生的原因？

（二）新课学习

一、大气压强的概念

实验三：在形状规则的矿泉水瓶内倒入温度较高的热水，盖上瓶盖，晃动瓶子，使瓶内气体变热，然后将水倒掉，盖上瓶盖，思考瓶子会有怎样的变化？

实验四：将硬纸片平放在平口玻璃杯口，用手按住，并倒置过来。思考放手后纸片会掉吗？

二、大气压强的存在来源：

预习马德保半球实验，并请同学模演示马德堡半球实验，思考这个实验说明了什么？

结论：

1. ____；

2. ____。

三、大气压强的测定

1. 观看录像：托里拆利实验

将玻璃管稍稍上提，水银柱的高度_____；将玻璃管倾斜时，管内水银面上方的真空体积_____，管内水银柱的长度_____？

你计算一下，1 标准大气压能支持多高的水柱？

四、大气压强与海拔高度的关系

大气压是不是一成不变呢？大气压与海拔高度有着怎样的关系？

通过观看本班学生的视频知道大气压与海拔高度的关系：____。

五、自我小结

本节课你最大的收获是：________________________________；

你还有的疑惑：____。

第三步 练学

1. 下列生活现象中，不属于利用大气压的是（　　）

A. 在玻璃生产车间里，利用有真空吸盘的吊车吊运平板玻璃

B. 用吸管吸饮料

C. 节日里放飞的氢气球，升到高空时会破裂

D. 用注射针筒抽取药液

2. 护士用注射器吸取药液时，把注射器的活塞推到下端是为了________。

然后将针头插入到药液中，慢慢地拉开活塞，这时注射器内的气体压强比药液上方的气压________，这样在________的作用下，药液被压入注射器内。

3. 关于大气压强，下列说法不正确的是（　　）

A. 大气压强随海拔高度的增加而增大

B. 马德堡半球实验证实了大气压强的存在

C. 一般来说，阴天、下雨时大气压强会低些

D. 1 标准大气压的数值等于高度差为 760mm 水银柱产生的压强

4. 小亮同学从超市买来一个玻璃瓶装的铁皮盖罐头，想把瓶盖打开，可是怎么也拧不动。小亮的哥哥用螺丝刀沿瓶盖的边轻轻撬了几下，一拧就

打开了，这主要是因为用螺丝刀撬瓶盖可以（　　）

A. 增大瓶盖直径，减小瓶盖侧壁对瓶的压力

B. 减小瓶盖与瓶口的接触面积

C. 减小瓶内外气体的压力差

D. 由于撬了盖的一边，而增大了盖的另一边的压力

第四步　预学

1. 什么是浮力？

2. 物体的沉浮条件是什么？

3. 浮力的大小怎么计算？

（重庆市涪陵第九中学校 吕佳珏）

第三节　《大气压强》教学反思

《大气压强》这节课的主要内容是关于大气压强的初步知识，与固体压强、液体压强一起构成了压强完整的体系，而大气压强知识对初学者很抽象。我对本节课的设计思路是：首先，设计实验，用生活中常见的现象，引入课题，引起学生的共鸣，增加学生对学习新知识的热情；再让学生自主实验，让学生体验实验过程，亲自探索科学的奥妙；最后以练习题巩固本节知识。对本节课反思如下：

1. 在引入这一环节，我用两个生活中的现象：扎孔的水瓶，敞口时在流水，盖紧瓶盖后停止流水；装过热水的矿泉水瓶，倒出热水后，矿泉水瓶变扁，从而引出大气压强的存在。通过演示这种生活中常见的现象，引起学生的共鸣，激发学生对本节课的学习兴趣。并且在课堂中，学生积极与我互动，让我对本节课的教学充满了信心。

2. 教学过程中，学生以学习小组的形式进行实验操作。例如，感受大

气压强存在的实验、马德堡半球实验、感受大气压强与高度关系的实验。培养学生的团队意识和竞争意识。同时，突破了传统课堂的实验教学方式——老师演示实验或者口头讲述实验过程，将实验交给学生，让他们亲自去操作。这样的做法，提高了学生的动手操作能力，还让学生亲自体验了实验过程，感受了实验的魅力，使学生形成了尊重事实、相信科学的思想，激发了学生学习物理的热情。

3. 本节课的难点突破：利用多媒体向学生展示托里拆利的实验过程，通过分析实验结果，将大气压强和水银柱压强做比较，从而将未知变已知，得出大气压的大小。后又结合生活提出了两个问题，让学生进行计算，将感性认识上升为理性认识，将知识又运用到生活，培养学生学以致用的能力。

4. 课堂小结环节中，我运用了类似抽奖的形式，让学生能够在轻松的环境下思考，更能反映学生对于知识的掌握情况，以便我更加了解学生，让我能在接下来的课程中找到适合他们的教学。

本节课所达到的效果和我自己对于本节课的预期效果相差不远，因此我对于本节课的结果是比较满意的。同时，整节课都是以学生为主体，教师为主导的形式进行的，符合新课程标准的要求。在课堂上，我们相互促进，我给予学生较多的参与课堂的机会，尊重学生的学习能动性；学生积极配合我，让我在教学过程中获得了更多的灵感。所以，整个课堂都是比较舒适的。但是依旧有一些细节的处理还是不完美的，例如，在覆杯实验中，我做了对比实验，但是我对于这两个实验的对比讲解又较少，导致学生对于原理了解不通透。因此有部分学生在自己动手做实验时，水没有装满，导致实验失败。当我看到这样的情况时，我只是给实验失败的同学再次讲解失败原因，并没有对全体同学进行解释说明。这就会导致学生对于覆杯实验的了解不够细致。因此在下一次做这类实验时，我可能就会先做一次失败的实验，这样还能让学生对于实验的印象更加深刻。

（重庆市涪陵第九中学校 吕佳珏）

第四节 《大气压强》学习反思

过去，我们生活在大气中，从未感知过大气压的存在，和大气压力有那么大的威力，且大气压在生活中有那么大的作用。

今天，吕老师在这堂课上设计了大量有关大气压的实验，实验现象明显有趣，掀开了大气压神秘的面纱，结合现象对知识轻松理解，让抽象的、我们原本认知能力不能理解的、觉得不可思议的知识在实验的验证下真实呈现，豁然开朗，打开了眼界，增长了见识，让我的科学认知能力进一步得到提升，相信科学，崇尚科学。

在课堂上，我们自己按老师设计的实验和准备的器材进行实验，实验在我们自己的操作下那么有趣，那么直观，结合知识理解那么透彻，导致作业完成那么容易。翻看我们小组完成的作业总是那么完美和我们班的考试成绩总是名列全年级第一，我终于明白了为什么，原来都与吕老师的辛苦设计与付出分不开，当然也与吕老师执着的教育教学情怀和人格魅力分不开。

很荣幸，我被吕老师选中去录制大气压强与海拔高度的关系的视频，吕老师指导我们制作了气压计，引导我们观看有关大气压与海拔高度的微课，并领略其知识要领，让我们自己设计台词，自己录制。在录制中我们发现问题，解决问题，最终大功告成，一段以本人主演的视频呈在全班同学的面前，让我好不自豪。通过此次活动，我更加自信，更加喜欢物理，更加热爱科学，更加热爱学习，立志成为一名在物理上小有成就的有用人材。

（重庆市涪陵第九中学校学生　谭欧洋）

物理分编之三

第一节 《神奇的眼睛》教学设计

教学目标

一、物理观念

了解眼睛的简单构造和眼睛视物的基本原理。

二、科学思维

通过对凸透镜成像规律的复习，实现对照相机、眼睛的结构联系的步步推进，让学生对眼睛的结构与功能，视觉形成的机理，近视眼和远视眼的形成及其怎样矫正都有进一步的认识。

三、实验探究

通过学生利用自制水透镜模拟晶状体自主分组实验探究培养学生的实践劳动意识、创新意识、交流合作和表达能力，培养学生乐于探究、乐于分享交流和合作。

四、科学态度和责任

通过故事引入培养学生的求知欲，通过教师自制水透镜培养学生的求知欲和强烈的为国争光的愿望、通过近视眼和远视眼的形成原因的学习让学生懂得如何预防近视，保护视力。

教学重点和难点

一、重点

1. 用模拟类比了解眼睛视物的基本原理。

2. 知道如何保护和矫正视力。

二、难点

通过实验探究视力的矫正方法。

课型

新课。

教学准备

1. 自制仪器（可变焦水透镜）。
2. 准备练学环节的题目。
3. 制作多媒体课件。

教学方法

讲解法、实验探究法、类比法。

教学时间

1 课时。

教具（教学媒体）

自制课件、手机。

教学过程

教师设问：大家有没有关注 2018 年诺贝尔物理学奖，是关于哪方面的研究?

介绍 2018 年诺贝尔物理学奖获得者阿瑟·阿什金、杰哈·莫罗和唐娜·斯特里克兰三人，介绍了获奖原因是他们在激光物理学领域取得了开创性的发明。同时介绍激光的许多用处，激光是公认的最快的刀和最准的尺，其中在医学里面可以进行近视眼手术。

师：那么你们知不知道为什么激光可以做近似眼手术？带着这个问题我们一起进入今天的学习——第六节，神奇的眼睛。首先，让我们一起进入复学环节。

第一步　复学

师：在最近阶段我们学习了有关光的折射的有关内容，那么同学们一起通过知识树（图 1）来回顾这部分知识。什么是光的折射？

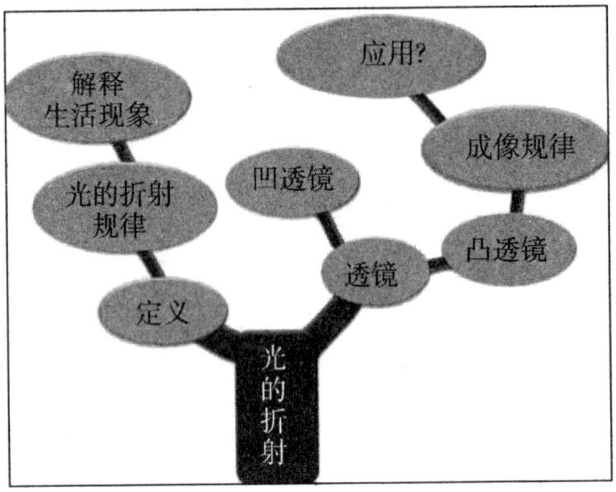

图 1

生：光从一种物质斜射入另一种物质，传播方向发生改变的现象。

师：非常好！光的折射规律呢？对比反射规律简单地说。

生：三线共面；两线分居；折射角随入射角的改变而改变。

师：非常棒！我们运用这些规律能够解释生活中的很多现象，比如，筷子为什么向上弯折、用鱼叉捕鱼为什么要叉向看到的鱼的下面等，学习物理规律就是为了解决现实生活中的实际问题的。后面我们又学了光学器材中的元件——透镜。它分为凸透镜和凹透镜。那么凹透镜有什么作用？

生：发散作用。

师：凸透镜呢？

生：会聚作用。

师：通过前面的实验课，大家对凸透镜的成像规律有了深刻的理解，请问凸透镜成像规律中照相机成像特点是怎样的？

生：$u>2f$，$f<v<2f$，成倒立缩小的实像。

师：同学们都掌握得不错！同时在凸透镜成实像中，如果要使得像变大，像距、物距怎么变化？

生：物近，像远，像变大。

师：很好！那么我们学习了这些规律后，究竟在生活中有怎样的运用呢？

第二步 辨学

师：今天我们要学习眼睛，要了解神奇的眼睛，我们先看一下记录世界的一个眼睛——照相机，这个是镜头，这个是感光片，前面我们学习了照相机的原理是凸透镜成像，这棵树就是发光物体，相当于我们的F光源，相机的镜头相当于？

生：凸透镜。

师：感光片相当于？

生：光屏。

师：我们把物体到镜头的距离叫作物距，镜头到感光片的距离叫作像距，那照相机成像的原理，物距u满足什么条件？像距满足什么条件？举手回答。

生：$u>2f$，$f<v<2f$，倒立、缩小、实像。

师：这就是照相机的成像原理，其实人的眼睛就像高速照相机一样，捕捉很多瞬间，保存到我们的脑海中。那么我们看一下人的眼睛，这个是什么？

生：晶状体。

师：晶状体的作用就相当于相机的镜头，也就是凸透镜，这个是什么？

生：不知道。

师：这个叫睫状肌，它的作用就是可以使得晶状体变形，拉伸或压缩晶状体，这个呢？

生：视网膜。

师：视网膜的作用就相当于相机中的感光片，也就是光屏。那我们类比照相机，所成的像在视网膜上应该是一个什么样的像呀？

生：倒立，缩小的实像。

师：那我们得到的信息是倒立的吗？你们看到老师是在天花板上行走的吗？但我们人得到的信息却是正立的。那是因为在视网膜上倒立的像会通过视神经把像传递到大脑，经过一系列的处理，最后呈现出正立的像。

师：我们做实验时，当物体离凸透镜越近，光屏就会越来越远，但是的晶状体和视网膜之间的距离是一定的，但是物体不管是远还是近，我们眼睛都能够看清物体。

教师设问1：那我们人眼的视物原理是怎样的？

师：这其实是因为晶状体的问题，要弄清楚这个问题，我们先来做这样一个实验。老师手里有两个厚度不同的凸透镜，我们用平行光通过这个薄的凸透镜，它会聚在这。假如这个晶状体变厚了，大家看，当厚的时候同一束平行光线，会聚近一些，会聚能力强。

师：为了让同学们更清楚地看到，老师提前用同一束平行光，同一位置通过这两个凸透镜，我们也能得到相同的结论，凸透镜越厚，对光的偏折能力越强，会聚靠前。凸透镜越薄，对光的偏折能力越弱，会聚靠后。那我们现在就明白了，人的正常眼之所以能够看远近不同的物体，就是因为睫状肌能够自动地拉伸或者压缩晶状体，使所成的像都在视网膜上，现在我们就通过这个水透镜来模拟晶状体，我们可以抽水和注水使晶状体变薄和变厚。

师：接下来，为了模拟人眼成像原理，老师为大家准备了桌上的器材，我们现在先来认识一下他们，桌上的器材有光具座、F光源、自制水透镜、针筒、凹透镜、凸透镜、光屏。这一部分代表发光物体，F光源，这个是自制水透镜，代表我们的晶状体，我们可以通过针筒往里面注水或者抽水，这一部分代表我们的视网膜。那么当我们的光成像在视网膜上面，我们就能够看到清晰的像。

师：为了让同学们都能够看到，我们先投屏。首先，我们来看一下正常眼睛的情况。首先这个斑是模糊的，不是清晰的像，那我们的睫状肌可以自动地拉伸或者压缩晶状体，使晶状体变厚或者变薄，从而使像清晰地成像在视网膜上。我们看到清晰的 F 像，这个就是我们正常眼视物原理。

教师设问 2：近视眼是如何形成的？

师：那有些人的眼睛调节功能变弱，比如说现在很多的青少年，长期近距离地看手机，学习，造成用眼过度，眼睛就会有发胀的感觉，你们有没有这样的体验？

师：那你的睫状肌就始终把你的晶状体处于比较厚的状态，因为调节功能变弱，那就一直很厚了，没办法调回薄的状态，那我们怎样模拟晶状体变厚呢？

师：那么它的像会在前还是后呢？

生：前/后。

师：我们先来移动一下（先往后移）还是不清晰，那么就只能怎么样？

生：往前移。

师：我们看到成像的位置比原来视网膜的位置靠前了，说明我们这个成像的点在原来视网膜的前面还是后面呢？

生：在前面。

师：我们医学上就把成像在视网膜前面的这种病变的眼睛叫作近视眼。

教师设问 3：如何矫正近视眼？

师：如果你的视网膜能够前移，你就能看到清晰的像了，那你的视网膜能够前移吗？

生：不能前移。

师：视网膜保持在原位置的情况下，如何让自己看清楚？

生：加凹透镜。

师：接下来矫正它吧。

让做到好的学生上台展示，过程中提示，平时戴的眼镜是什么透镜。

师：人老了之后，睫状肌的控制能力变弱了，晶状体始终处于变薄的状态，那我们怎样模拟晶状体变薄呢？

回顾远视眼及近视眼成因及矫正方法。

师：下面，我们进入第三个环节——练学。首先请同学们完成学案上的练习（3—4 分钟）。有困惑的地方，大家可以相互讨论。

第三步　练学

1. 下面是关于眼的示意图，请根据图分别填上近视眼、远视眼、正常眼。

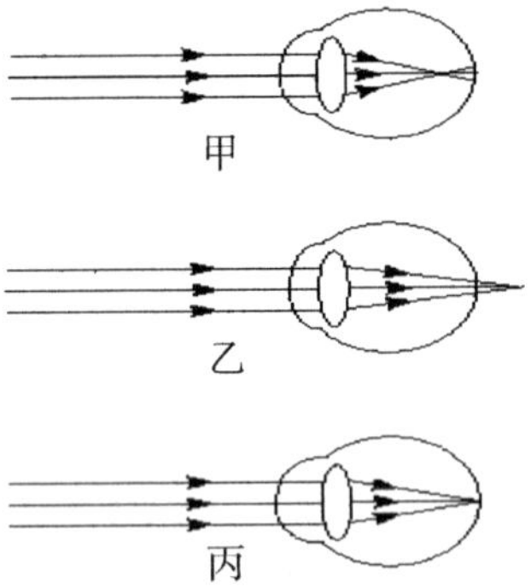

甲 ________________

乙 ________________

丙 ________________

2. 陈凤老师正在批作业，听到远处有学生叫她，为了看清该学生的容貌，陈老师立即带上眼镜跟这位学生打招呼。下列说法正确的是（　　）

A. 陈老师不戴眼镜看远物时，物体的像会成在视网膜后方

B. 陈老师是远视眼

C. 陈老师所戴眼镜的镜片是凹透镜

D. 陈老师的眼球前后径可能过短或晶状体曲度可能过小

3. 桌子上放着哥哥的近视镜和爷爷的老花镜，爷爷想戴上眼镜，小明就主动帮忙把眼镜给拿爷爷过去，请帮他分清该拿哪一副眼镜？

4. 为什么边走路边看书对眼睛有害？

师：我们回想新课前提出的问题，为什么激光手术可以治近视眼呢？近视眼是因为晶状体太……

生：厚。

师：那我们是不是可以利用激光手术将晶状体削薄。所以说科学的进步带给我们人类医学的发展，学好物理是很重要的。那保护好眼睛也是非常重要的。我们要怎样保护眼睛呢？首先三要：读写姿势要正确，眼与书的距离要在33厘米左右。看书、看电视或使用电脑1小时后要休息一下，要远眺几分钟。要定期检查视力，认真做眼保健操。其次“四不看”不在直射的强光下看书，不在光线暗的地方看书，不躺卧看书，不走路看书。最后老师为大家准备了几句顺口溜，没事不要玩手机；不能强光看书籍；写字离桌10厘米；少玩“王者”少“吃鸡”；护好视力考第一。最后，我们进入本课最后一个环节—预学。

第四步　预学

1. 什么叫作质量？
2. 怎么理解质量是物质的一个基本属性？
3. 质量的单位是什么，如何换算？
4. 如何测量物体的质量？

（西南大学附属中学校　文吉强）

第二节　《神奇的眼睛》创新学案

学习目标

一、物理观念

了解眼睛的简单构造和眼睛视物的基本原理。

二、科学思维

通过对凸透镜成像规律的复习，实现对照相机、眼睛的结构联系的步步推进，让学生对眼睛的结构与功能，视觉形成的机理，近视眼和远视眼的形成及其怎样矫正都有进一步的认识。

三、实验探究

通过学生利用自制水透镜模拟晶状体自主分组实验探究培养学生的实践劳动意识，创新意识，交流合作和表达能力，培养学生乐于探究，乐于分享交流和合作。

四、科学态度和责任

通过故事引入培养学生的求知欲，通过教师自制水透镜培养学生的求知欲和强烈的为国争光的愿望；通过近视眼和远视眼的形成原因的学习让学生懂得如何预防近视，保护视力。

【学习过程】

第一部分 复学的内容

第一步 复学

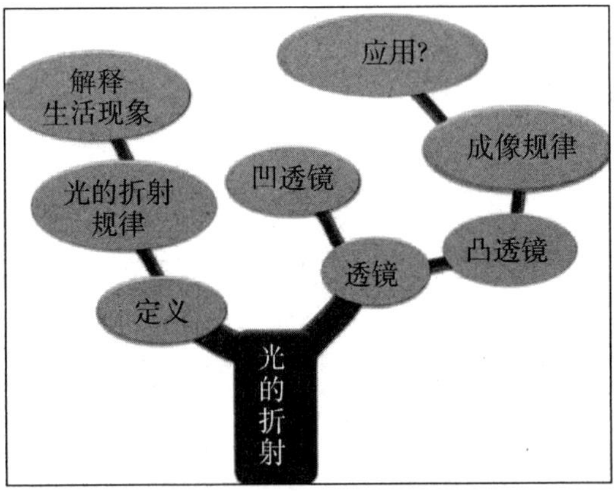

第二步 辨学

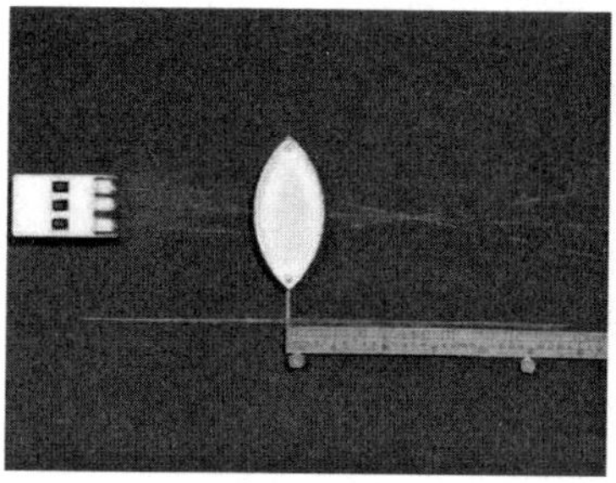

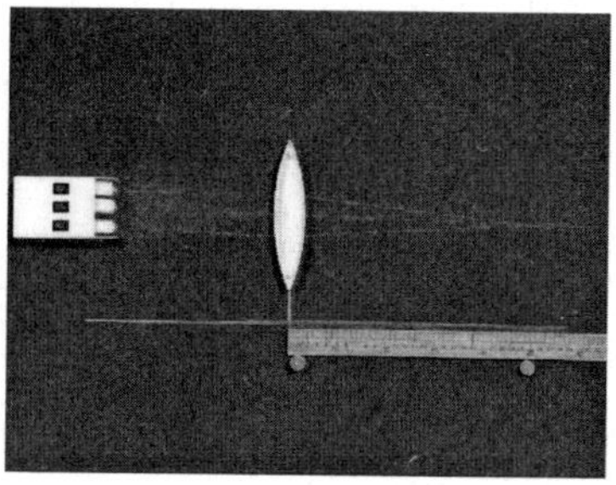

结论：

凸透镜越厚，对光的偏折能力越________，会聚靠________。

凸透镜越薄，对光的偏折能力越________，会聚靠________。

	症状	产生的原因	成像的位置	矫正的方法
近视眼	只能看清______物体	晶状体变______	视网膜______方	佩戴______镜
远视眼	只能看清______物体	晶状体变______	视网膜______方	佩戴______镜

第三步 练学

1．下面是关于眼的示意图，请根据图分别填上近视眼、远视眼、正常眼。

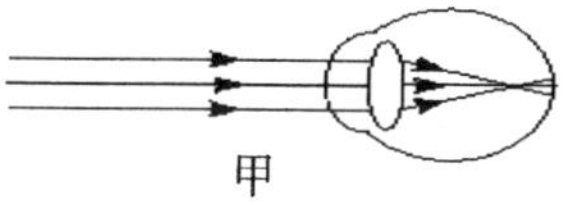

甲

甲 ______________________

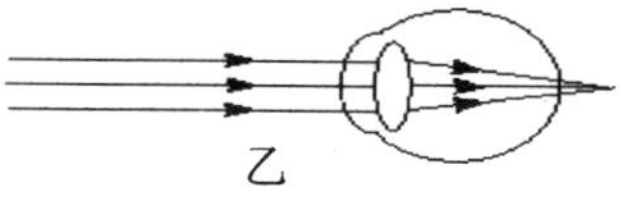

乙

乙 ______________________

丙

丙 ______________________

2. 陈凤老师正在批作业，听到远处有学生叫她，为了看清该学生的容貌，陈老师立即带上眼镜跟这位学生打招呼。下列说法正确的是（　　）

A. 陈老师不戴眼镜看远物时，物像会成在视网膜后方

B. 陈老师是远视眼

C. 陈老师所戴眼镜的镜片是凹透镜

D. 陈老师的眼球前后径可能过短或晶状体曲度可能过小

3. 桌子上放着哥哥的近视镜和爷爷的老花镜，爷爷想戴上眼镜，小明就主动帮忙把眼镜给拿爷爷过去，请帮他分清该拿哪一副眼镜？

4. 为什么边走路边看书对眼睛有害？

第四步　预学

1. 什么叫作质量？

2. 怎么理解质量是物质的一个基本属性？

3. 质量的单位是什么，如何换算？

4. 如何测量物体的质量？

（西南大学附属中学校　文吉强）

第三节 《神奇的眼睛》教学反思

2018 年 12 月 24 日，我在西南大学附中积健楼 503 给同学们上了沪科版八年级第四章第六节的《神奇的眼睛》，我在设计这节课时，努力把学生作为主体，以学生现有的知识水平创设情景、设计提问、课件引导，力求使学生通过自己的努力达到学会知识的目的。课后觉得同学们对本节课中的“物理观念”掌握得较好，学生能很好地了解眼睛的简单构造，知道眼睛是怎样看见物体的，并且了解了近视眼和远视眼的形成原因和矫正方法。

首先，我以 2018 年诺贝尔物理学奖引入，学生通过倾听教师的引入事例感受前沿科技的神奇魅力，激发对物理的兴趣。接着是复学环节，教师引导学生回忆凸透镜成像规律中照相机的成像特点。将景物和蜡烛对比，将底片和光屏对比，让学生意识到照相机的镜头是一个凸透镜，为眼睛的成像知识做铺垫。然后通过教师演示实验的观察很好地掌握了凸透镜的厚薄对于光线会聚能力不同的规律。让学生明白凸透镜的薄厚不同，它们的焦距、折光能力等都有不同，从而引导学生思考人眼看远近物体都能看清的原因是晶状体在调节。通过对教师自制演示器材，水透镜模拟人眼晶状体的变化，激发学生的创新，实践和观察能力。通过学生合作探究实验，感受老师自制的水透镜，通过动手调节培养学生的劳动意识。通过学生分组上台展示实验得出结论，培养学生学会实践，学会学习，同时锻炼学生的合作探究能力。

在科学思维中，学生初步学会了用比较的方法来研究物理学的原理。比如，在学习近视眼和远视眼的形成原因时，先让学生自学，找出它们形成原因的关键——晶状体的厚度和眼球前后方向的距离，然后画出一个表格，把它们的形成与矫正做一个比较，我们就一目了然。这样，同学们就把近视眼和远视眼的形成和矫正掌握得较好。但由于我的备课不太充分，对眼睛看物体的工作原理，只是涉及与照相机的工作原理相关的内容，没有具体的讲解。导致在上课时，同学们对其原理，还是一知半解，有迫切想知道的心理，对物体在视网膜上成的像是怎样的，虽然知道是成的倒立、缩小的实像，但人却看到的是正立的，好像是矛盾的，学生满头雾水。

再一个就是关于眼镜方面的知识，由于班中的近视眼较多，这个问题都是他们比较关心的，他们问了关于眼镜的佩戴，用眼卫生等很多问题，有些也是我不曾想到的，如眼睛的散光是怎么回事，现在的学生求知欲很强，他们不会放过任何一个学习知识的机会，特别是一些与他们的生活密切相关的知识。

所以，我们老师备课时，要充分考虑到学生的需求，揣摩学生的心理，努力做到有求必应，不要给学生留下遗憾，毕竟培养学生的能力，对学生的未来负责是我们教育的目的。

（西南大学附属中学校　文吉强）

第四节 《神奇的眼睛》学习反思

今天听了文老师的第六节《神奇的眼睛》这节课，第一个感觉就是新，第二个感觉就是有创意。本节课最大的亮点在于文老师开发了自制教具，丰富了我们所做的实验。

的确，实验是检验真理的唯一标准。文老师将 PVC 管两端蒙上橡皮膜，并在 PVC 管上开两个小孔分别通以橡皮管，其中一个橡皮管上接有注射器，另一个小孔方便通气。用注射器向蒙有橡皮膜的 PVC 管中注入水，这样就制成了水透镜。利用自制的可调焦的水透镜较好地模拟了眼球中的晶状体。目的是尽可能将一些内容利用实验的手段显现出来，使我们既有理性的思维，又有感性的认识。

通过自制教具我们完成了三个实验。让我们亲自感受到“人眼看远处和近处物体”、“近视眼、远视眼成因及外在表现”和“近视眼、远视眼的矫正”过程。这三个实验中，“近视眼、远视眼成因及外在表现”较好地利用了“人眼看远处和近处物体”的知识来解释，所以两个实验相辅相成。“近视眼、远视眼的矫正”又是“近视眼、远视眼成因及外在表现”的延续。所以三个实验之间前后衔接紧密，层层递进。实验中，努力以我们为主体，创设了有趣的情景、用实验引导我们学习后面的知识，使我们通过自己的努力达到学会知识的目的。我们在轻松愉快的气氛中学习到了知识，通过对问题的解决培养了我们主动学习的能力。

（西南大学附属中学校八年级（10）班学生　潘畅）

第 11 编

“互为师大课堂”之化学应用

第一节 《复习利用化学方程式的计算》教学设计

教学目标

一、中考考点

能利用化学方程式进行简单计算。

二、科学思维

通过由浅入深、由简单到复杂的学习，逐步了解中考化学计算题的解题思路和方法。

三、实验探究

通过从纯净物的计算到含杂质的计算再到结合图形等几组习题训练活动，培养学生的知识运用能力、运算能力及同学们之间的交流合作能力。

四、科学态度和责任

培养学生运用已掌握的知识进行简单的化学计算的能力，初步树立科学探究的意识，树立战胜中考计算题的信心和决心，进一步激发学生学习化学的兴趣。

教学重点和难点

一、重点

根据化学方程式的计算。

二、难点

反应前后存在质量差的计算。

课型

复习课。

教学准备

1. 准备练学环节的题目。
2. 制作多媒体课件。

教学方法

讲解法、探究法、对比法。

教学时间

1 课时。

教具（教学媒体）

自制课件、展台。

教学过程

教师讲解：今天我们复习化学中考试卷中的最后一题——计算题。计算占总分的 10%。本节课进行化学方程式的专题复习。

教师讲解：中考对这部分的要求如下。（课件展示中考考点）

生观看，齐读。

师：考点 1 今年有新的变动，不出现在最后的计算题中，而是在前面填空题中出现，所以今年的计算题 6 分。那么近三年来计算题考查的内容及所占权重如何呢？（课件展示）无论怎么考，万变不离其宗，我们还得从考点开始。首先，让我们一起进入复学环节。

第一步 复学

师：请同学们看书（上册）P102 页例题 1，归纳利用化学方程式进行计算的步骤有哪些？应注意些什么？

生看书，归纳。

生：设未知量、写方程式、找量、列比例式、解答。

师：每步需要注意些什么呢？

生：设未知量，不是未数，所以不带单位。写方程式必须正确完整。找的量包括已知量、未知量及各物质间的质量比。比例式对应列好等。

师：同学们都掌握得不错！同时老师还要温馨提示你：找的已知量还必须得是纯净物的质量，否则就不能带入化学方程式进行计算哟！

师：还有其他注意的吗？我们从我来找茬的例题中试试。请你找出题中的错误并用笔圈出来。

生：找错，完成在学案上。

师：我们能发现别人的错误，自己在完成题目时可别犯了。

第二步 辨学

我校化学实验室新进了一批石灰石，化学兴趣小组的同学们立即对其进行了如下探究活动。

师展示课件：探究一，小红用 10g 碳酸钙与足量的稀盐酸反应，最多能制得二氧化碳的质量为多少？

师：请同学们读题，审题，找出反应的原理是什么？找的量分别是什么？

生：原理是碳酸钙与稀盐酸反应，已知量是 10g 碳酸钙，未知量是二氧化碳。

师问：已知量是纯净物的质量吗？能直接代入化学方程式计算吗？

生：是，能。

师：同学们在学案上完成这道题，同学有到黑板上展示的吗？

生完成题目，并给展示的同学评价。

师展示课件：探究二，同学们准备实验时，发现石灰石标签上标有“含碳酸钙80%”的字样。若小红称12.5g石灰石与足量稀盐酸反应，可制取二氧化碳的质量为多少？

生读题，思考。

师：审题，原理是什么？找的量分别是？

生：原理是碳酸钙与稀盐酸反应，已知量是12.5g石灰石，未知量是二氧化碳。

师：那已知量是纯净物的质量吗？该怎么办呢？

生：不是，要将不纯物的质量转换为纯净物的质量。

教师设问：怎么转换呢？纯度（质量分数）应等于纯净物质量除以不纯物质的质量。同学们能完成这题吗？

生：能。

学生完成在学案上。学生展示在黑板上或展台上，其余学生给予评价。

师：同学们掌握解题思路了吗？审题找到原理，找准量且找的已知量一定是纯净物的质量，如若不是就要想办法换为纯净物的质量才能代入方程式进行计算。

化学兴趣小组的同学们还想验证80%是否准确，于是来到了探究三。

师展示课件：探究三，同学们想验证标签中碳酸钙的质量分数80%是否准确，称取15.0g石灰石于烧杯加入100g稀盐酸恰好完全反应。测得烧杯内剩余物的总质量（m）与反应时间（t）的关系如图所示。（杂质不溶于水，也不与酸反应）。试计算：

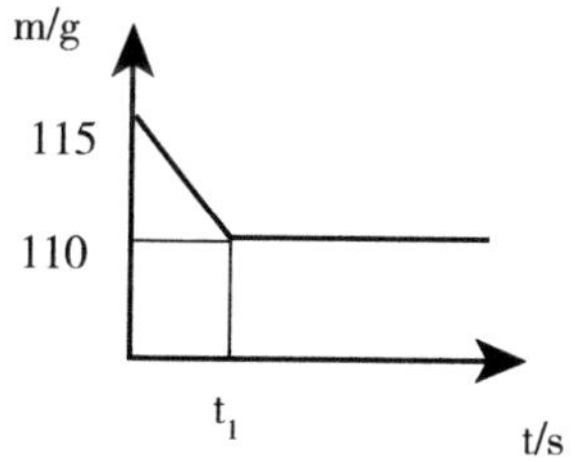

（1）产生二氧化碳的质量为________g；

（2）原石灰石中碳酸钙的质量分数是否准确；

（3）所用稀盐酸的溶质质量分数。

师：小组讨论，审题，找原理，找量。

生小组内交流讨论。

师问：本题的原理是什么？

生：原理是碳酸钙与稀盐酸反应。

师：找到的已知量有哪些？是纯净物吗？未知量是哪些？

生：15g 石灰石，100g 稀盐酸，都不是纯净物。80% 只能用于比较验证是否准确。未知量是二氧化碳，还有碳酸钙。

师：审题还能发现什么呢？图像的起点、拐点分别表示什么呢？

生：起点表示实验开始时烧杯内物质的总质量，拐点表示实验结束时烧杯内剩余物的总质量。

师问：比较发现质量是如何变化的？为什么呢？

生：质量在减少，因为反应有气体的生成。

师问：那减少的质量就是谁的质量？

生：二氧化碳。

师：那同学们第一问能解决吗？完成在学案上。

师：第二问是要求碳酸钙的质量分数，已知不纯物的质量 15g，只要求纯物质碳酸钙的质量，可以从方程式中求。代入方程式的纯净物的质量也已经算出了，即二氧化碳的质量，所以可以直接求得。算碳酸钙的质量分数就等于碳酸钙的质量除以石灰石的质量，结果与 80% 比较，看是否准确。

生完成在导学案上，展台展示。

师：题目中用了 100g 稀盐酸，稀盐酸是溶液，那么如何才能求到溶液中溶质的质量分数呢？溶质的质量分数与化学方程式的综合计算又该如何求呢？我们下节课再复习。

师：回顾我们利用化学方程式计算的思路和方法是什么？你认为其中最关键、最难的一步是什么呢？

师：下面，我们进入第三个环节—练学。首先请同学们完成学案上的练习（3—4 分钟）。看看你是几星级高手。有困惑的地方，大家可以相互讨论。

第三步　练学

【试一试】看看你是几星级高手

化学兴趣小组为检测某地区石灰石中碳酸钙的纯度，他在实验室用8g石灰石样品（杂质不参加反应）与50g稀盐酸恰好完全反应，测得残留物为55.8g。求：

★：生成二氧化碳的质量

★★：样品中碳酸钙的纯度

★★★：稀盐酸中溶质的质量

★★★★：稀盐酸中溶质的质量分数

师：计算题是中考的压轴题，我们不要畏惧，要树立信心，相信我们一定能攻破这最后一关。最后老师为大家小结了计算解题，做到四要：看题要耐心，做题要细心，解题要清晰，答题要规范。理清思路，找准量，定能解决计算题。最后，我们进入本课最后一个环节—预学。

第四步　预学

1. 什么是溶质质量分数？计算公式是什么？
2. 饱和溶液的溶质质量分数如何计算？
3. 反应后所得溶液的质量如何计算？
4. 反应后所得溶液的溶质质量分数如何计算？

（重庆市綦江南州中学　邓小念）

第二节　《复习利用化学方程式的计算》创新学案

教学目标

一、中考考点

能利用化学方程式进行简单计算。

二、科学思维

通过由浅入深、由简单到复杂的学习，逐步了解中考化学计算题的解题思路和方法。

三、实验探究

通过从纯净物的计算到含杂质的计算再到结合图形等几组习题训练活动，培养学生知识运用能力、运算能力及和同学们之间的交流合作能力。

四、科学态度和责任

培养学生运用已掌握的知识进行简单的化学计算的能力，初步树立科学探究的意识，树立战胜中考计算题的信心和决心，进一步激发学生学习化学的兴趣。

第一步　复学

可能用到的相对原子质量 Ca—40　C—12　O—16　H—1　Cl—35.5

1. 请写出以下化学方程式，并算出各物质间的质量比写在对应物质下方。

石灰石与盐酸反应____________________________________

各物质间的质量比____________________________________

2. 看书（上）：P102 页例题 1，归纳利用化学方程式进行计算的步骤有________、________、________、________、________、________。每步应注意些什么？

3. 【我来找茬】

15.5g 红磷在氧气中充分燃烧，可生成五氧化二磷的质量为多少？

解：设可生成五氧化二磷的质量为 Xg

$$P + \quad O_2 \xlongequal{点燃} P_2O_5$$

31　　　　　142

15.5　　　　　X

$$\frac{31}{15.5} = \frac{142}{X}$$

X = 71

答：可生成五氧化二磷 71g。

第二步　辨学

探究一：小红用 10g 碳酸钙与足量的稀盐酸反应，最多能制得二氧化碳的质量为多少？（相对原子质量：Ca—40　C—12　O—16）

探究二：同学们准备实验时，发现石灰石标签上标有“含碳酸钙 80%”的字样。若小红称 12.5g 石灰石与足量稀盐酸反应可制取二氧化碳的质量为多少？（杂质不参与反应）（相对原子质量：Ca—40　C—12　O—16　H—1　Cl—35.5）

探究三：同学们想验证标签中碳酸钙的质量分数 80% 是否准确，称取 15.0g 石灰石于烧杯加入 100g 稀盐酸恰好完全反应。测得烧杯内剩余物的总质量（m）与反应时间（t）的关系如图所示。（杂质不溶于水，也不与酸反应）。试计算：

（1）产生二氧化碳的质量为________g；

（2）原石灰石中碳酸钙的质量分数是否准确。（保留一位小数）

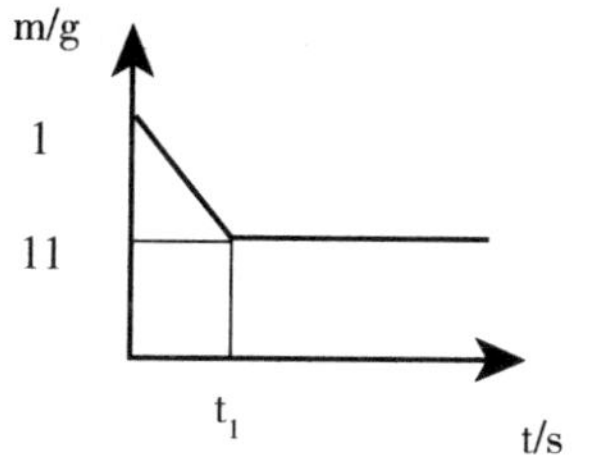

★（3）所用稀盐酸的溶质质量分数。

（相对原子质量：Ca—40　C—12　O—16　H—1　Cl—35.5）

第三步　练学

【试一试】看看你是几星级高手

化学兴趣小组为检测某地区石灰石中碳酸钙的纯度，在实验室用8g石灰石样品（杂质不参加反应）与50g稀盐酸恰好完全反应，测得残留物为55.8g。求：（相对分子质量：Ca －40 C－ 12　O－ 16　H－1 Cl－35.5）（结果保留一位小数）

★（1）生成二氧化碳的质量；

★★（2）样品中碳酸钙的纯度；

★★★（3）稀盐酸中溶质的质量；

★★★★（4）稀盐酸中溶质的质量分数。

第四步　预学

1. 什么是溶质质量分数？计算公式是什么？
2. 饱和溶液的溶质质量分数如何计算？
3. 反应后所得溶液的质量如何计算？
4. 反应后所得溶液的溶质质量分数如何计算？

（重庆市綦江南州中学　邓小念）

第三节　《复习利用化学方程式的计算》教学反思

《利用化学方程式的计算》位于初中化学第四部分复习化学计算中的第2节，是中考的必考内容，其考题出现在试卷最后一题，分值一般为7分，在化学中考中占有重要的地位。近年来《利用化学方程式的计算》越来越突出化学特点，题目趋向于对学生的知识水平、分析能力提出更高的要求。其命题类型主要表现为不纯净物质的计算、有关化学方程式与溶质质量分数的综合计算。

初三学生本身对最后的压轴题有畏惧心理，部分同学甚至放弃答题。。堂课我着眼于学生化学素养的提升，从由浅入深，由简到繁的思维发展、由纯净物的计算到含杂质的计算再到结合图形等几组习题训练活动、树立战胜中考计算题的信心和决心等方面来确定教学目标。这堂课我采用互为师大课堂“四学系问”模式设计并执教，成功地达成了教学目标，教学效果明显。

一、“四学系问”，思路清晰

本堂课，我设计了四个教学环节，即复学、辨学、练学、预学，四位一体，思路清晰，环环相扣，有条不紊。“复学”是复习教材的基础知识，找到复习的起点，对复学的检测我设计了一个【我来找茬】，让学生对自己的复学来一个检测。“辨学”环节是教学核心，我设计了三个探究活动，包括纯净物的计算、含杂质的计算及结合图像的计算，由浅入深，层层深入，让学生体会到利用化学方程式的计算思路和方法，明确一定要找到纯净物的质量才代入化学方程式进行计算。“练学”则是对本堂课学习效果的及时检测，而最后布置的“预学”又是对下一节课知识的提前预习指导。

二、关注生本，让学生动起来

互为师大课堂的基本构成要素就是学生与学生之间的相互学习，学生与老师之间相互学习，这充分体现了教学要以学生为主体，教师为主导的教学理念。复习中注重学生对知识的过手，在“复学”阶段是学生自主看书，回顾并归纳利用化学方程式计算的步骤，并展示。应注意些什么问题，则在【我来找茬】中检验知识的过手情况如何。“辨学”环节充分体现了师生互动、生生互动。一是积极开展师生对话，重点在于注意引导学生认真审题、找出反应原理，找出已知量与未知量，以及各物质间的质量关系，也就是发生了哪些化学反应，给出了哪些量，是否是纯净物的质量，是否需要换算为纯净物的质量，本题的突破口在哪里等，通过分析整理出清晰的解题思路，并根据思路，完整规范地写出解题过程。二是采用学生黑板板演、学生自主评价的形式，鼓励学生大胆展示，大胆评价，碰撞交流，真正做到知识的过手，也激发了学生学习化学的兴趣。

三、讲练结合，设计精巧

互为师大课堂能够让每一节课都看见学习的效果。本堂课设计巧妙，设置三个探究活动，其反应的原理都是一个，即碳酸钙与稀盐酸的反应，大大降低的难度让学生学得轻松，树立战胜中考的信心。探究一是纯净物的质量可以代入化学方程式进行计算；探究二是含杂质的混合物质量，必须先把它转化为纯净物的质量才能代入方程式进行计算；探究三则是混合物质量和图像的结合，只是不能用纯度公式来转换为纯净物质量，通过转变思维，从图像中去找纯净物的质量，代入化学方程式求纯净物的质量。学生通过三组习题的训练，水到渠成地掌握了解题的格式，明确了解题思路和方法。在课堂中，我把时间和空间都放给学生。学生板演，学生完成学案，学生自己评价。老师走下去，发现个别问题及时指导，发现共性问题及时讲解。

当然，整堂课还有很多不足的地方，有待改进。一是老师的教学语言不够精练，学生回答的话重复啰唆；二是老师的引入课题太直接，有些生硬；三是学生的积极性还不够强烈，即教师调动还不够；四是遇到较难的计算题时，很多学生还是难以找准反应原理即化学方程式，难以找准纯净物质量，这些方面还应加强。

（重庆市綦江南州中学　邓小念）

第四节　《复习利用化学方程式的计算》学习反思

今天我们在邓老师的带领下复习了《利用化学方程式的计算》。这堂课我学习的效果非常好，不仅掌握了利用化学方程式计算的步骤，还对做计算题的解题思路和方法有了更深入的了解，对今年中考有了更强的信心。

一是有温故而知新的“复学”，让我获得新知。上课时老师先让我们回归教材，看书内 102 页例题 1，归纳利用化学方程式计算的基本步骤（设、写、找、列、解、答），提示我们找的已知量必须是纯净物的质量，让我获得新的知识。让我们在找茬活动中知道了解题过程中应注意的一些问题，让我们明白自己在解题过程中不能犯同样的错误，更启示我们在今后的复习中一定要多回归教材，多看看书，真的是温故而知新。

二是有任务驱动的“辨学”，让我受益匪浅。在“辨学”环节中，我们分析完成了三个探究活动，即完成了三个题，三个题中所用的反应原理其实都是一个，但是每个题都不一样，第一题是直接将纯净物的质量代入方程式计算，第二题是给出不纯物的质量，就不能代入化学方程式计算，这也是老师最开始就提示我们的，这时我们就必须将不纯物的质量转化为纯净物的质量才能代入化学方程式进行计算。这也是我们平时做题最容易犯的错误，找到量就往化学方程式中代，不去分析是不是纯净物的质量导致我们的计算每次都错。第三题全给的不纯物的质量和图像，我们得自己从给出的数据中去计算出纯物质的质量，再将计算出的纯物质的质量代入化学方程式中计算求出未知量。每一题分析完后，老师总是让我们自己在学案上完成，还让同学到黑板上板演，我们还要评价板演的同学做得怎么样，整堂课我们都有事做，一点都没闲，让我们觉得很充实，感觉一会都下课了。老师教我们学会怎样去分析题，解决计算题的思路和方法，即使遇到其他的任何计算题，只要找准原理，找对纯净物的质量代入化学方程式求其他任何一个量都是可以算得出来的。整堂课让我觉得完成计算题非常简单，轻松，感觉很有意思。老师真的是“授人以鱼，不如授人以渔”。

三是及时巩固的“练学”，让我记忆深刻也引发思考。老师在“练学”环节中设计了“我是几星级高手”，一星、二星就是巩固这节课的知识，将纯净物的质量代入化学方程式计算，三星、四星就是我们下节课将复习的内容，溶质质量、溶质质量分数的计算。激发我们主动去复习下节课的内容的兴趣，因为我们都想成为高手，成为做计算题的能手，战胜中考的压轴题。

互为师大课堂思路清晰明了，让我明白要学什么，怎么学，学得怎么样，课后该做什么。这让我学习起来不再盲目，学习效果更好，也越来越爱学习了。

（重庆市綦江南州中学 2019 级 4 班学生　陈元潇）

第 12 编

“互为师大课堂”之生物应用

第一节 《食物的消化和营养物质的吸收》教学设计

教学目标

一、生物观念

说出淀粉在口腔中经唾液淀粉酶消化成麦芽糖的过程。

二、科学思维

通过对消化系统组成的复习，认识到口腔中唾液腺分泌的消化液、牙齿和舌对馒头有消化作用，让学生利用探究实验的研究方法探究唾液对淀粉的消化作用。

三、实验探究

学生根据探究变量设计对照实验，分组实验操作、对实验现象分析，培养学生的动手能力，表达能力，交流合作和创新意识，充分发挥学生主体性，让学生乐于探究。

四、科学态度和责任

通过“尝馒头”的活动激发学生的探究兴趣，通过学生设计实验方案、分组实验，培养学生科学的实验态度；通过说出淀粉在口腔中的消化过程，形成细嚼慢咽的良好饮食习惯。

教学重点和难点

一、重点

1. 运用实验法探究唾液对淀粉的消化作用。

2. 概述淀粉在口腔中的消化过程。

二、难点

1. 运用实验法探究唾液对淀粉的消化作用。

2. 根据变量设置对照实验。

课型

新课。

教学准备

1. 准备实验材料馒头、试管、试管架、胶头滴管、烧杯、清水。

2. 准备练学环节的题目。

3. 制作多媒体课件。

教学方法

实验探究法。

教学时间

1 课时。

教具（教学媒体）

自制课件、多媒体教学工具。

教学过程

导入新课

师：有哪些同学愿意来品尝馒头呢？听清楚老师的要求，先含住馒头不嚼，是否有甜味？然后细细咀嚼，现在有甜味吗？

学生品尝馒头，回答馒头在口腔中会由不甜转变成有甜味。

学生推测：淀粉在口腔中消化分解成麦芽糖。

教师讲述：馒头或米饭的主要成分是淀粉，淀粉没有甜味。淀粉消化分解成麦芽糖，麦芽糖有甜味。当我们细细咀嚼馒头或米饭时，会感觉到有甜味。这是为什么呢？今天，我们就来探究唾液对淀粉的消化作用。首先，让我们一起进入复学环节。

第一步　复学

教师设问：1. 食物最开始通过哪个部位进入人体的消化系统？

学生回答：口腔。

教师设问：2. 食物进入人体的历程是怎样的？人体内有哪些消化腺？

学生回答 1：食物经口腔、咽、食道、胃、小肠、大肠，最后经过肛门排出食物残渣。

学生回答 2：人体内有五种消化腺，分别是唾液腺、肝脏、胃腺、胰腺、肠腺。

教师讲述：通过刚才的复学环节，我们对上节课所学的内容进行了复习和巩固，馒头在口腔中有怎样的变化呢？现在，让我们进入第二环节——辨学。

第二步　辨学

教师设问：口腔中有哪些因素和淀粉消化有关呢？

学生回答：唾液、牙齿、舌。

教师引导学生，牙齿咀嚼和舌的搅拌是相互配合的，可看作一个因素。

教师设问：既然是探究实验，你还记得探究实验的六大步骤吗？

学生回答：探究实验的六大步骤分别是提出问题、做出假设、制订计划、实施计划、得出结论、表达交流。

教师设问：根据刚才我们的分析，你能提出怎样的问题，做出怎样的假设呢？

学生回答：唾液能将淀粉消化吗？作出的假设是唾液能将淀粉消化。

教师讲述：本堂课我们就以“唾液能将淀粉消化吗？”这个问题来进行探究实验。我们要用实验来验证我们的假设是否正确，实验之前要先制订计划。

教师设问：1. 联系前面的知识，如何判断淀粉被消化了？

2. 实验在口腔中进行科学吗？人体口腔的温度大约是37℃，如何来模拟这个温度呢？

学生回答1：淀粉遇碘变蓝，可以用碘液判断淀粉是否被消化。

学生回答2：实验在口腔中进行不卫生，也不好操作。

学生回答3：人体温大约是37℃，可以用手心握住试管模拟口腔的温度。

学生回答4：可以将试管放入37℃温水中保温。

教师设问：根据我们探究的变量要设计什么实验？

学生回答：对照实验。

教师讲述：对照实验分为实验组和对照组，对照组是起对照作用的一组。实验组和对照组只有变量不一样，其他条件都相同，这就是控制单一变量。请同学们根据实验的变量，小组合作讨论设计一组对照实验，完成学案内容。

学生小组合作讨论完成实验方案的设计。

教师播放实验用具、材料的使用视频。

学生小组合作，根据实验方案实施计划（1. 请小组1号和2号同学同时取唾液；2. 注意掌握保温时间）。

学生小组展示并分析实验结果。

教师设问：根据同学们分组实验得到的结果，我们可以得出怎样的结论，唾液中的什么物质使淀粉发生了分解？淀粉在口腔中被分解成什么物质？

学生回答1：唾液可以将淀粉消化。

学生回答2：淀粉在口腔中经过唾液淀粉酶的作用消化分解成麦芽糖。

第三步　练学

教师讲述：如果要探究牙齿咀嚼和舌的搅拌对淀粉消化有没有影响，又应该如何设计实验呢？

教师设问：1. 选取的材料是馒头，要模拟牙齿咀嚼的作用，馒头应该如何处理？

2. 如何模拟舌搅拌的作用呢？

3. 依照前面的方案，根据相应变量如何来设计实验方案呢？

学生回答 1：材料选取馒头碎屑。

学生回答 2：用玻璃棒充分搅拌，模拟舌的作用。

学生回答 3：选取两支试管分别标为 1 号和 2 号，1 号试管加入适量馒头碎屑、2ml 唾液，玻璃棒充分搅拌；2 号试管加入等量馒头块、2ml 唾液，不搅拌，都放入 37℃温水中保温 5 分钟，然后滴加碘液，观察现象。

教师设问：你对实验结果预测的现象是什么并分析原因？（教师展示实验现象的图片）

学生回答 1：1 号试管不变蓝，2 号试管部分变蓝。

学生回答 2：1 号试管唾液将淀粉分解，遇碘不变蓝；2 号试管部分淀粉未被分解，遇碘变蓝。

教师总结升华：本堂课我们用实验探究解决了课前的问题，生活当中我们常常会有很多疑问，同学们要学会用科学的实验探究手段去解决心中的疑惑，运用科学的思维发现并学习身边的知识。也希望同学们以后饮食注意细嚼慢咽，关注自身身体健康。我们进入本课最后一个环节——预学。

第四步　预学

1. 蛋白质在消化道内是怎样消化的呢？

2. 脂肪在消化道内是怎样消化的呢？

3. 人体内主要的消化、吸收场所在哪里？

（重庆市涪陵第九中学校　冉琪）

第二节 《食物的消化和营养物质的吸收》创新学案

学习目标

一、生物观念

说出淀粉在口腔中经唾液淀粉酶消化成麦芽糖的过程。

二、科学思维

通过对消化系统组成的复习，认识到口腔中唾液腺分泌的消化液、牙齿和舌对馒头有消化作用，让学生利用探究实验的研究方法探究唾液对淀粉的消化作用。

三、实验探究

学生根据探究变量设计对照实验，分组实验操作、对实验现象分析，培养学生的动手能力，表达能力，交流合作和创新意识，充分发挥学生主体性，让学生乐于探究。

四、科学态度和责任

通过“尝馒头”的活动激发学生的探究兴趣，通过学生设计实验方案、分组实验，培养学生科学的实验态度；通过说出淀粉在口腔中的消化过程，形成细嚼慢咽的良好饮食习惯。

【提出问题】

你提出的问题是：____。

【做出假设】

你的假设是：____。

【制订计划】

探究变量是：____。

	实验组	对照组
淀粉液		
唾液或清水		

【实施计划】

	实验组（1号）	对照组（2号）
得到的实验现象		
分析产生该现象的原因		

【得出结论】

你的结论是：____。

【表达交流】

（重庆市涪陵第九中学校　冉琪）

第三节　《食物的消化和营养物质的吸收》教学反思

本活动是课标建议的必做探究实验之一，要求发展学生的科学探究能力。该活动可以帮助学生理解淀粉在口腔的消化，为进一步学习“食物在胃、小肠内的消化”做铺垫，最终帮助学生形成对消化过程的正确认识。也让学生进一步深化理解“消化系统通过分泌多种消化液进行化学性消化”的重要概念内涵。本节是全章的知识核心，也是本章的教学难点。

我校学生实验开展较少，但学生对生物学科有着很高的兴趣，对动手实验操作充满期待。本实验的材料简单，降低了课前准备工作难度。

本节课通过情境创设“品尝馒头”制造轻松和谐的课堂氛围，激发学生的学习兴趣，引出实验课题。然后通过复学，复习消化系统的组成，为后面的探究实验奠定基础。教师通过问题引导、指导学生小组合作设计实验方案、实施方案。学生辨学，讨论实验方案、展示实验方案，教师引导学生评价实验方案，进行修改，保证实验顺利进行，突破本节课难点。最后小组为单位展示实验结果，并对得到的实验结果进行分析，锻炼学生的语言表达和实验分析能力。通过练学，让学生设计探究牙齿咀嚼和舌的搅拌对淀粉的消化作用的实验方案，检验学生设计实验方案的能力。

初一的学生，由于还未学习化学，对相关仪器不了解，不知道如何使用玻璃棒、胶头滴管、量筒等实验器材，因此我将本节课相关实验器材的使用方法录制为一个视频，在学生实验活动开始前播放给学生看，让学生掌握器材的使用方法。用37℃水温模拟口腔的温度对于实验器材要求高，温度也不好控制，学生操作烦琐，因此选用提到学生的手心握住试管，降低实验难度。

本堂实验课要求学生不仅要“动手”、还要“动脑”“动口”，充分调动小组学习意识，让学生真正地参与到探究活动中来。通过这次的探究活动，锻炼了学生的探究技能，提高了组织能力，并激发了学生的创造性思维，培养交流协作精神。假设的提出、方案设计和验证假设等是教师引导的结果。学生们掌握了这种方法后，就能够利用这种方法和已有的知识，主动地探究自然的奥秘，了解生物的习性和自然界中的千变万化，培养适应生活的能力和解决问题的能力。

但是在设计实验方案的过程中，教师引导得还不够全面，学生的主动性还没有充分发挥。在活动中，个别实验小组实验失败，教师引导学生分析失败的原因，从失败中汲取经验。原因分析如下：（1）个别学生忘记开始保温的时间，导致实验保温时间不够，淀粉没有被完全分解；（2）个别小组唾液取得时间长，耽误实验进度；（3）个别小组取得的唾液量少，没有2ml，没有将淀粉完全分解。由于课堂时间紧张，“探究牙齿的咀嚼和舌的搅拌对淀粉的消化作用”没有让学生动手实验，学生只设计了实验方案，预设了实验现象，因此可以布置学生课下实验操作。教师也要引导学生思考对实验进行改进、创新，让学生发散思维，拓展能力。

（重庆市涪陵第九中学校　冉琪）

第四节 《食物的消化和营养物质的吸收》学习反思

学而不思则罔，思而不学则殆。生活中，我们都会吃馒头、米饭，但为什么馒头、米饭慢慢咀嚼会变甜，这个问题是没有思考过的。老师在上课前提出的问题，马上就引起了我们的兴趣。在老师的引导下，我认识到馒头、米饭中的主要成分是淀粉，淀粉没有甜味，在口腔中咀嚼后变甜是产生麦芽糖，为什么淀粉会分解成麦芽糖呢？和口腔中哪些因素有关呢？我强烈地想去探究这个过程。

跟随着老师设置的问题，同学们相互合作，我们小组设计了相应的实验方案，在观看了实验器材的使用方法视频后，我们分工进行实验。我负责量取唾液的体积，虽然有两位同学同时取唾液，但是唾液的量还是不够，我焦急地等待着。在大家的齐心协力下，我们小组等待着两支试管颜色的变化，结果1号试管出现浅蓝色，2号试管出现深蓝色。我们预想的实验现象是1号试管未变蓝，2号试管变蓝。我们观察其他小组，发现大部分小组1号试管未变蓝，2号试管变蓝。还有1个小组也有和我们类似的实验现象，这是为什么呢？老师看到了，引导我们从实验步骤、实验材料分析产生这种现象的原因。我们小组的成员们立即各自回忆实验操作步骤，最后，发现是保温的时间不够，1号试管中的淀粉没有被完全分解，遇到碘液变蓝。接着，在老师引导下，我们分析如果馒头碎屑过多、唾液量较少、玻璃棒搅拌不均匀都有可能会出现淀粉不能被完全分解的现象。

通过本节课的探究活动，我知道没有甜味的淀粉在口腔中通过唾液淀粉酶的分解成为有甜味的麦芽糖，我还认识到细嚼慢咽的好处，吃饭不能抢时间，狼吞虎咽，否则会影响肠胃的健康。生命不息，探索不止，我要继续探究生活中的生物小知识。

（重庆市涪陵第九中学校学生　王栋梁）

第 13 编

“互为师大课堂”之计算机应用

第一节 《信息资源的管理》教学设计

教学目标

1. 认识信息资源管理的目的，理解其重要性和普遍性；
2. 了解图书馆管理的一般过程；
3. 掌握常用的信息资源管理方法。

教学重点

让学生总结信息资源管理的一般过程

教学难点

使学生理解这个过程中的分类组织方法

教学时间

1 课时。

教学准备

PPT 计算机 导学案

教学过程

第一步　复学

师：信息无处不在无处不有，随时都会有信息在我们身边发生，我们应如何来管理这些信息呢？首先请同学们来回顾一下以下问题？

1. 什么是信息？

信息是指利用文字、符号、声音、图形、图像等形式作为载体，通过各种途径传播的内容，即对事物运动状态和方式的表征，能够消除认识上的不确定性。

2. 信息有哪些特征？

信息具有以下特征：

（1）普遍性：普遍存在，无时不有无处不在。

（2）依附性：信息不能独立存在，必须依附于一定的载体，而且相同信息可以依附不同的载体。

（3）共享性：信息可被多个接受者接收且多次使用。同一信息同时或异时，同地或异地被多个人共享，信息共享一般不会造成信息的缺失，也不会改变信息的内容。

（4）价值性：信息与物质和能量一样是人类社会的三大资源之一，信息一方面可以满足人们精神领域的需求；另一方面，可以促进物质、能量的生产和使用。

（5）时效性：信息反映事物某一特定时刻的状态，由于客观事物总是在不断运动变化着的，因此，反映事物存在方式和运动状态的信息也应随之而变化。

3. 如何对信息价值进行判断？

（1）信息的准确性：指信息中涉及的事物是否客观存在的构成信息的各要素是否接近真实状况，有没有人为的偏差。

（1）信息的客观性：指信息所揭示的事物的本来面目，不带偏见。

（2）信息的权威性：指信息是否具有令人信服的力量和威望。

（3）信息的时效性：指该信息在某段时间或某一时期是否有效。

（4）信息的适用性：指信息对于问题的解决是否有用以及作用大小。

师：上面我们从信息的定义和特征等方面进行了回顾，下面我们结合日常生活来体验一下信息资源管理，请大家静心回忆以下事情：

（1）每天晚上学习完后，你如何整理书包里的书？

（2）在你衣柜里有许多衣服你如何管理的？

（3）家里的书籍你如何管理的？

师：大家经过回忆上述三个问题是否发现我们经常在进行信息资源的管理呢？只是我们在无意识中进行管理。当然这些管理都是相对资源很少的情况下，当我们面对很多的信息资源的时候怎么办呢？

生：计算机（资源管理器）

任务一：信息资源管理过程体验

师：现在大家打开计算机查看一下 C 盘的文件组织形式，其次看一下桌面临时文件夹里的文件，看有什么感受？

师：发送文件包到每个学生的计算机。

师（要求）：同学们以小组为单位，进行管理前的讨论。

生操作电脑进行管理。

师：下面有请同学们来谈谈体会？

生：C 盘中的文件，层次清晰，而临时文件夹中比较零乱……

师：怎样来解决这个问题呢？下面我们进入第二阶段的学习。

第二步　辨学

任务二：阅读教材 P88—94，完成以下题目。

1. 信息资源管理的方式有哪些？

手工管理和计算机管理（文件管理和数据库管理）。

2. 信息资源管理的目的是什么？

（1）在利用信息解决问题，完成任务的过程中，能够感受到信息是一种资源，可以被开发和利用。但是，信息要充分发挥资源的效能，就必须进行必要的管理。

（2）但是不同的单位或组织进行信息资源管理的具体目标可能各有相同。

（3）总之信息资源管理的目的就是为确保信息资源的有效利用，提高信息利用的效率，更好地实现信息的价值。

3. 为什么要进行信息资源的管理？

（1）信息资源的地位和作用随着经济和社会的发展日益重要

①现代经济的发展为信息生产，传递，存储和积累提供了用武之地。

②计算机为核心的现代信息技术为信息的广泛应用提供了前所未有的技术支持和基础条件。

③现代信息迅速积累，达到一个庞大的数目。大量的信息资源需要进行管理，复杂会造成信息污染。

（2）人类的自身认识随着社会和经济的不断发展而不断深化

农业时代的价值观是地产和矿产，工业时代的价值观是股票，信息时代的价值观是信息和知识。

（3）信息成为日益争夺的对象

在过去的经济中对资源的争夺体现为地产，矿产和石油等。在今天，在科技接近的国家对于信息的争夺十分激烈，谁掌握的信息多，谁就有主动权，在国际竞争中就占有优势。目前很多新兴工业国家和发展中国家也都认识到这一点，并加入到这场世界性的竞争中去。

（4）全球化进程的发展

随着全球化进程的发展，人们逐渐认识到，信息同能源和材料是同等重要的战略资源，是重要的财产和资产，并且是最活跃生产要素。

（5）信息对经济发展的作用日益突出

信息技术的发展，为深度开发和广泛利用信息资源创造了前所未有的条件，充分地发挥了信息资源开发利用对材料和能源资源的节约和增值的作用，使信息流更加有效地引导人员流，资金流和物流。

4. 什么是信息资源的管理？

信息资源管理是对信息、信息技术、信息设备和信息人员等各项资源的管理，信息资源管理的三个重要方面是管理信息系统、数据库系统、情报检索系统。如通过数据库对日常生活中的信息及网上数据（电子商务、在线查询、网络图书馆等）进行管理。

5. 完成 P89 的活动表

信息资源管理实例	管理思想与方法	使用的工具或软件	优缺点
个人资料管理	分类存放	手工管理 Windows 资源管理或应用软件	优点：简单方便，成本低廉 缺点：效率较低
图书馆藏书管理	分类存放	手工管理	优点：P90 缺点：—
计算机文件管理	分类存放	Word、Wps 等应用软件	优点：方便信息的整理、加工和检索 缺点：主要适用于个人数字资源的管理

师：我们已经从理论上完成信息资源的管理的学习，下面我们来动手管理一下自己计算机上的文件资源吧。

第三步　练学

任务三：动手操作

师：在前面信息加工与处理的学习中已经学过了要将信息资源按照一定的分类标准分门别类地存放的好处。

师：请问大家在整理计算机中的文件时，一般习惯使用哪种方式？

资源管理器的打开方式：

（“我的电脑”或者“资源管理器”）

生回答。

方案一：我的电脑

师：看来大家已对使用我的电脑比较熟悉，那么，我们今天再来了解一下“资源管理器”是如何进行文件管理的，在实践的过程中，感受一下二者的差异。

方案二：资源管理器

师：哪位同学来谈谈怎么使用资源管理器？（win7 系统）

打开资源管理器的几种方法

方法一：通过“开始”菜单打开

第一步，在 win7 系统桌面任务栏中，鼠标右键“开始”菜单图标，选择“打开 Windows 资源管理器”，如下图所示：

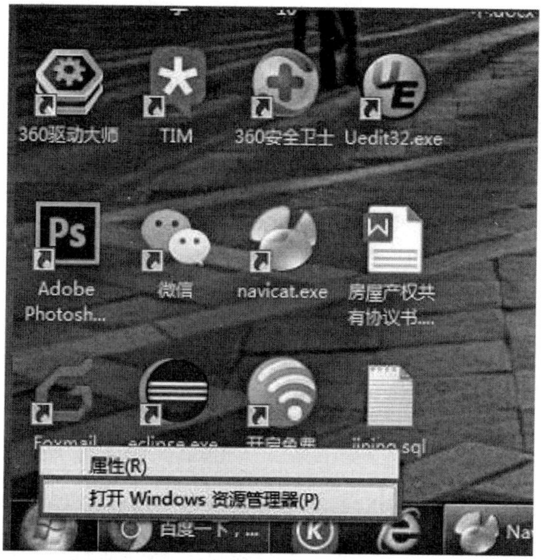

第二步，点击“打开 Windows 资源管理器”之后，可以看到已经打开了，有图片，文档，音乐，视频等，如下图所示：

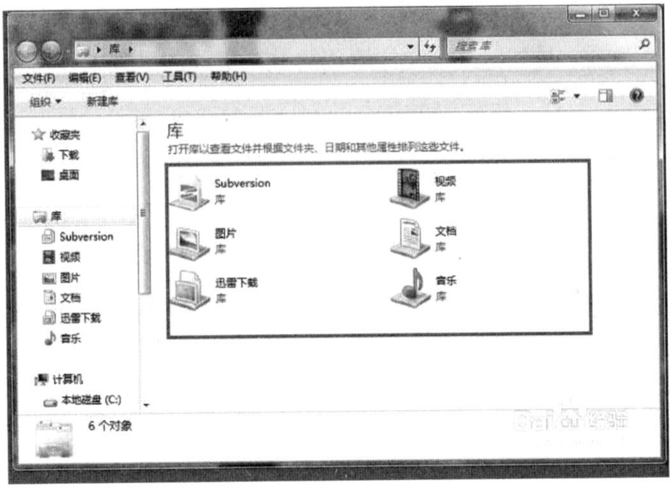

方法二：通过所有程序打开

第一步，在我们的电脑上点击“开始”菜单，选择“所有程序”，如下图所示：

第二步，打开“所有程序”之后，点击“附件”，再点击“Windows资源管理器”，如下图所示：

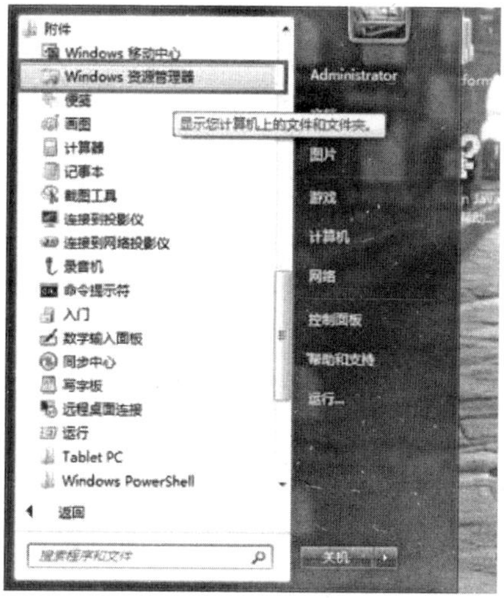

方法三：通过计算机打开

第一步，在电脑桌面上双击“计算机”，进去之后，点击左侧的“库”，如下图所示：

第二步，点击“库”之后，就进去了资源管理器，如下图所示：

师：如何来利用信息资源管理器来查找信息资源？方法有哪些？

生：……

师：有按位置查找和搜索功能。

查找本地计算机中的信息资源。

精确查找本地资源。

将文件名的全称一定要加上双引号“”。

指定的盘符下查找文件名“竹简”的文件。

操作方法：

打开相应的磁盘——搜索栏输入完整的文件名，如“竹简”。

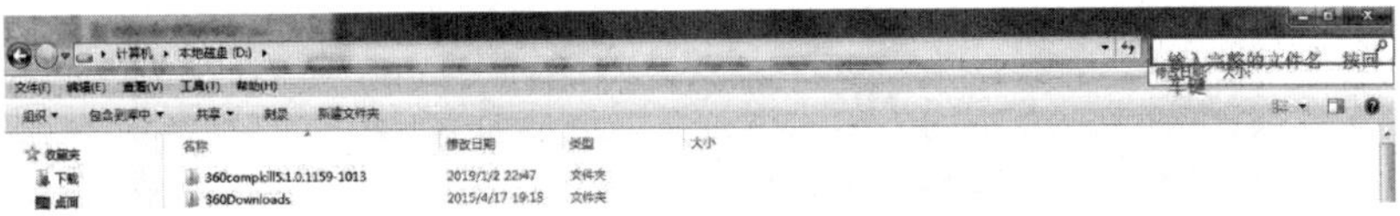

模糊查找一个文件：

操作：单击“计算机”——在搜索栏中输入文件名中一个或几个字，如“竹简”中只需输入“竹”或“简”字，如下图所示：

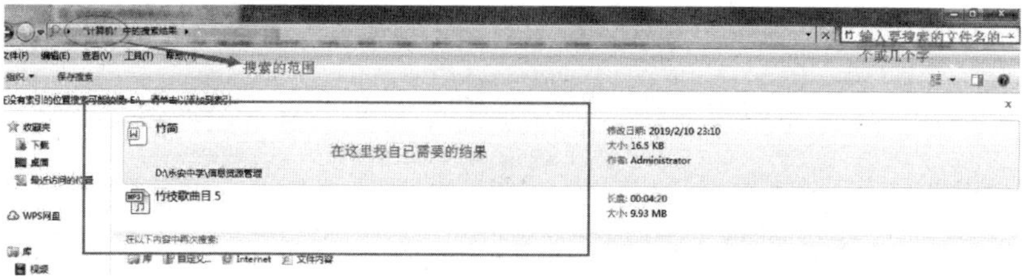

师：到学生中间进行巡视，并进行指导。

师：请学生谈谈操作中的方法与体会。

生……演示

1. 整理桌面临时文件夹中的文件，将文件整理后保存在 D 盘

操作方法：

在“D:”盘根目录下建立一个文件夹，然后分类别建立文件夹：

新建文件夹—重命名—复制—粘贴。

师：大家在整理这些文件中使用了哪些方法？

生：移动。

生：拖放。

文件移动的两种方法：移动和复制

师：文件移动和复制有什么区别？

生：移动只有一个文件，而复制有两个全部相同的文件或文件夹。

师：请同学们对比一下，不同逻辑盘使用拖放和同一逻辑盘使用拖放有什么不同？

生思考并找出区别。

区别：不同逻辑盘使用拖放是复制功能，而同一逻辑盘的是移动的功能，如果在同一逻辑盘中使用拖动实现复制的功能用“ctrl +”拖动，先单击“文件”或者“文件夹”然后按住 ctrl 不放，同时按住鼠标左键进行拖动，这时就是复制了。

2. 用浏览器的收藏夹管理网站资源（360 浏览器为例）

第一步，打开我们认可的网站。

第二步，单击收藏图标“☆”然后单击“添加”即完成收藏。

我们收藏的网站很多都可以通过新建文件夹来进行管理：

操作步骤：在“本地收藏夹”的空白处单击鼠标右键—新建文件夹—重命名—选中相应的网址拖放到相应的文件夹。

本地收藏夹的编辑（重命名、移动网址）：选中相应的文件夹—单击鼠标右键—重命名等操作。

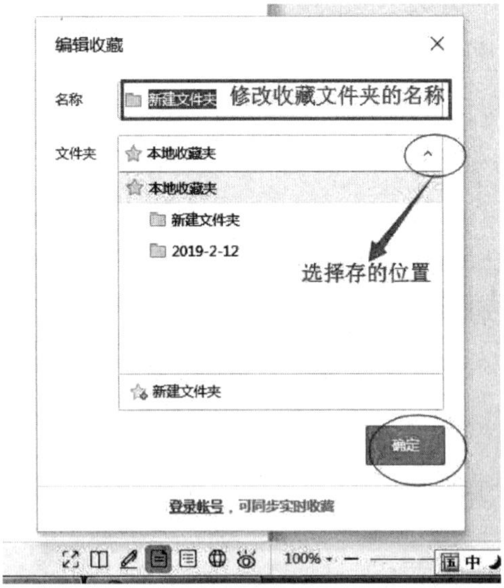

任务四：总结个人信息资源管理的常用方法

师：下面我们一起来谈谈个人信息资源是如何来管理的？

①用资源管理器管理本地计算机资源；

②用文件夹共享实现协作资源管理；

③用电子表格（Excel）实现统计资源管理；

④用浏览器的收藏夹管理网站资源。

拓展提升：

人类对信息资源管理的变迁？

年代	方式	标志
古代	结绳记事	三皇五帝时代 伏羲 神农时代用的记事方法 《周易》《抱林子》《易九家言》都有记载
原始社会晚期 新石器时代	陶器刻画符号 带有文字意味	半坡文化 河姆渡 文化陶器上刻画的符号
商朝	用尖锐东西刻画	甲骨文 文字的开始
春秋战国	竹简	《尚书·多士》
秦朝	毛笔	李斯
东汉	造纸术	蔡伦改进造纸术
北宋	毕昇	活字印刷术
1450 年	报纸	谷登堡（德国） 金属的活字印刷术 长行报纸
1946 年	计算机	埃尼阿克（ENIAC）

第四步　预学

阅读教材 P94—100 完成以下问题。

1. 图书馆的图书管理方式的变迁？

2. 数据库的作用及应用？

3. 数据库基本组成？

4. 数据库的基本操作？

5. 数据库与大数据的关系？

版书设计：

信息资源的管理

资源管理器

管理方式
- 手动管理
- 计算机管理
  - 文件
  - 数据库

（重庆市奉节永安中学校　王贞祥）

第二节　《信息资源的管理》创新学案

学习目标

1. 认识信息资源管理的目的，理解其重要性和普遍性。
2. 了解图书馆管理的一般过程。
3. 掌握常用的信息资源管理方法。

第一步　复学

1. 什么是信息？

2. 信息有哪些特征？

3. 如何对信息价值进行判断？

第二步　辨学

任务二：阅读教材 P88—94，完成以下题目

1. 信息资源管理的方式有哪些？

2. 信息资源管理的目的是什么？

3. 为什么要进行信息资源的管理？

4. 什么是信息资源的管理？

第三步　练学

任务三：动手操作

（一）打开“资源管理器”的几种方法

方法一：通过“开始”菜单打开

第一步在 win7 系统桌面任务栏中，鼠标右键开始菜单图标，选择“打开 Windows 资源管理器”。

第二步点击打开资源管理器之后，可以看到已经打开了，有图片，文档，音乐，视频等。

方法二：通过所有程序打开

第一步在我们的电脑上点击“开始”菜单，选择所有程序。

第二步打开所有程序之后，点击“附件” - > “Windows 资源管理器”。

方法三：通过计算机打开

第一步在电脑桌面上，双击“计算机”，进去之后，点击左侧的“库”。

第二步点击“库”之后，就进去了资源管理器。

（二）个人信息资源的查找：

方式一：

有按位置查找

方式二：

利用资源管理器中的搜索

精确查找：将文件名的全称一定要加上双引号“”。

操作方法：打开“资源管理器”—搜索栏输入完整的文件名如“竹简”。

模糊查找：

操作：单击计算机—在搜索栏中输入文件名中一个或几个字如“竹简”中的只需输入“竹”或“简”字 。

（三）整理文件

1. 整理桌面临时文件夹中的文件，将文件整理后保存在D盘

操作方法：

在“D:”盘根目录下建立一个文件夹，然后分类别建立文件夹：

新建文件夹—重命名—复制—粘贴—拖动

2. 用浏览器的收藏夹管理网站资源（360浏览器为例）

第一步打开我们认可的网站。

第二步单击收藏图标“☆”然后单击“添加”即完成收藏。

操作步骤：在本地收藏夹的空白处单击鼠标右键—新建文件夹—重命名—选中相应的网址拖放到相应的文件夹。

本地收藏夹的编辑：重命名、移动网址

选中相应的文件夹—单击鼠标右键—重命名等操作。

拓展提升：

人类对信息资源管理的变迁？

第四步　预学

阅读教材P94—100完成以下问题。

1. 图书馆图书管理方式的变迁？

2. 数据库的作用及应用？

3. 数据库基本组成？

4. 数据库的基本操作？

5. 数据库与大数据的关系？

（重庆市奉节永安中学校　王贞祥）

第三节　《信息资源的管理》教学反思

这节课总体采用“四学”教学思想进行设计。“四学”就是复学、辨学、练学、预学。复学就是对前面所学知识、本节上课必须用到知识点进行简单的回顾总结。首先是复学环节，计划用几分钟的时间来完成新课前的知识回忆，我设计了一个创新学案，学生只需要看课本结合自己所学就能完成创新学案，但是有部分同学没有认真去阅读教材，且学生完成学案用的时间比较长，要接近十分钟，有的甚至要接近十五分钟，这与部分同学平时没有认真听课和没有好的阅读习惯有关，在思想上没有引起足够的重视；其次是学生的信息素养不够，基本功不扎实，我是尽量让学生在复学阶段温故而知新，让他们从中既巩固已学知识，又要从中悟出一些新的知识，后来发现占用时间太长，我就把学案简之又简，目的是让他们尽量自主地学习，掌握基本的知识。效果不是非常理想，下一步要进一步设计好创新学案。

辨学环节整体效果还是可以，学生能根据问题结合教材进行讨论，并能得出相应的答案。练学阶段由于复学和辨学阶段所花时间较长，这一环节所用时间不够，学生操作得相对较少，下一步还需要进一步优化时间和讲课的节奏，让学生在练学阶段多展示，这样才能培养学生的动手操作能力。我这节课给学生的任务首先查找计算机中存在的信息资源，然后是对比几种不同的操作之间对文件所产生的效果有什么差异？为学生在今后的实际操作中如何来选择何种方式来进行信息资源的管理奠定坚实的基础。

总之我也一直想怎样能寓教于乐，把知识与娱乐结合起来，但我知道要实现这个目标还有很长的路要走。首先我要从自己身上找原因，改进教法，然后改变学生的思想，我希望能多向同行们学习，自己也要多多琢磨教法，改进自己，改进课堂。

（重庆市奉节永安中学校　王贞祥）

第四节 《信息资源的管理》学习反思

动物园的狮子也能安静地坐在地上，但那不是良好的教育只是良好的训练，教学也不是注水式的过程，今天的信息技术课让我收获颇丰。

信息技术，是主要用于管理和处理信息所采用的各种技术的总称，一切信息的获取，加工，表达，交流，管理和评价等有关的技术都可以称之为信息技术，它与我们的生活息息相关。我们生活在信息时代，无处不是信息，无处不需要运用信息。

人类在生产和科学实验中认识自然和改造自然过程所积累起来的，获取信息、传递信息、存储信息、处理信息以及使用信息的经验、知识、技能和体验这些经验、知识、技能的劳动资料有目的结合，着眼于一个民族的发展问题，文化传承不容马虎，必须认真对待。可华夏五千年的文明哪会只有半亩方塘，信息技术于是派上大用场。

老师良好的教育会让学生的学习事半功倍，王老师深谙此理，不积跬步无以至千里，不积小流无以成江海，课堂开始之前都先让我们梳理一遍，重温一下之前所学的内容。正如孔子所言：温故而知新，可以为师矣。

首先提问什么是信息？刚开始同学是不确定又不敢大声说出，在王老师的引导与鼓励下踊跃回答了信息是什么？紧接的几个问题便是将旧知识与新知识无缝连接起来。

整个课堂上王老师气定神闲，信手拈来，不时激起小小的浪花，让学生游走在信息技术的海洋，教学思路清晰，语言恰到好处，老师的讲解让我们从中学到了很多有用的知识，王老师对教材的处理和把握也是有其独到之处，严谨而不高深，简单而又适用。教学环节环环相扣，把问题抛给学生，让学生自己思索从而解答疑惑，让我们充分体验思考后所带来成功，帮我们树立起我能行，我一定行的理念，看似平常的提问，却把我们的思路引向了更高层次的探究世界，当然，王老师的整堂课都是那么温和，面带笑容，让我们如沐春风。

在整堂课中王老师对教材的理解，对重难点的把握是没什么可以说的，他更多的是作为一个组织者，促进者，启发者，帮助者，激励者，真正将课堂还给了我们学生，突出了学生的主体地位，

但美中不足的是给我们练习阶段和展示时间不够，期望老师能在这方面再多考虑一下。多一些点师生互评和生生互评，这样我想同学们就会学得更透一些。

（重庆市奉节永安中学校学生　王虹琳）